SCHÄTZE

DER

DUNKELHEIT

SCHÄTZE

DER

DUNKELHEIT

COBY L MCGEE

ARPress
ILLUMINATING IDEAS,
EMPOWERING VOICES

ARPress LLC
45 Dan Road Suite 5
Kanton MA 02021

Telefon: 1(888) 821-0229
Fax: 1(508) 545-7580

Bestellinformationen:

Mengenverkauf. Mengenrabatte sind erhältlich für Unternehmen, Verbände und andere Personen. Bitte kontaktieren Sie den Herausgeber unter der oben genannten Adresse für weitere Informationen.

Gedruckt in den Vereinigten Staaten.

ISBN-13:   Broschüre   979-8-89389-346-5
                eBook   979-8-89389-347-2

Library of Congress Kontrollnummer: 2024916190

INHALTSVERZEICHNIS

Schätze der Dunkelheit

von Coby L. McGee

Rezensiert von: Barbara Bamberger Scott

In diesem Buch verbindet der Autor McGee einen Blick auf das Leben und seine Möglichkeiten mit lebendigen Erinnerungen und christlicher Mystik. Als Kind war sich der Autor nicht bewusst, dass sein Vater ihn misshandelte. Er erinnert sich jedoch an seine Stiefväter und deren subtilere Formen der Verachtung. In jedem Alter kann man Ängste haben, und auch wenn man an einigen von ihnen wachsen kann, sind Ängste Teil der menschlichen Psyche, die, wie er gelernt hat, durch die Nähe zu Gott gelindert werden können. Dazu gehöre auch, dass man bereit sein müsse, selbst den ärgsten Feinden zu vergeben. Es sei wie bei einem Hausumbau, der Beratung brauche und große Veränderungen bringe.

Ein verheerender Sturm und ein gottesfürchtiger Vorgesetzter an McGees Arbeitsstelle an der Universität haben ihm beigebracht, dass "fast alles repariert oder ersetzt werden kann". Nach dem Scheitern seiner Ehe und der Liebe, die er für seine drei Kinder empfand, begann McGee seine Reise der Heilung, auf der er seine extrem negativen und sich selbst verneinenden Gedanken überwand und sogar den Wunsch, seinem Leben ein Ende zu setzen. Von einem christlichen Mentor wurde er ermutigt, denen, die ihm Unrecht getan hatten, vollständig zu vergeben. Für ihn wurde daraus eine "Regenbogenerfahrung", die er weitergeben möchte.

McGee, ein Geschäftsmann aus Texas, hat ein wahres Talent dafür, Worte miteinander zu verweben, indem er oft traumatische Beispiele aus seinen eigenen Erfahrungen verwendet, um seinen Lesern einen einfachen und geistlich fundierten Rat zu geben. Seine von Missbrauch und Verwirrung geprägte Kindheit und sein Erwachsenwerden, in dem sich Erfolg mit emotionalem Chaos und oft extrem düsteren, selbstzerstörerischen Bildern vermischten, erzählt er aus christlicher Perspektive. Dass ihn diese dunklen Zeiten zusammen mit seiner persönlichen Entschlossenheit und seinem lebendigen Glauben an einen Ort des Friedens geführt haben, wird in der Erzählung deutlich. Sein autobiographisches Werk, das eine philosophische Perspektive einnimmt, kann ein anregender Ausgangspunkt für Gruppendiskussionen und individuelle Kontemplation sein. Es eignet sich für alle, die sich selbst besser verstehen und ihre Beziehungen zu anderen verbessern möchten.

KAPITEL 1

WILLKOMMEN AUF DEM PLANETEN ERDE

W as geht am Morgen auf vier Beinen, was geht am Mittag auf zwei Beinen und was geht am Abend auf drei Beinen? Diese Frage, die Ödipus von der großen Sphinx gestellt wurde, ist ein berühmtes Rätsel aus der griechischen Mythologie. Um in die Stadt Theben zu gelangen, musste Ödipus die Frage richtig beantworten. Andernfalls würde er von dem schrecklichen Ungeheuer Sphinx gefressen werden. Zu seinem Glück antwortete er richtig: "*Mensch*".

Das ist eine schöne Metapher für das Menschsein. Als Baby lernen wir, auf allen vieren zu krabbeln, dann lernen wir, auf zwei Beinen zu gehen, und in den letzten Jahren unseres Lebens brauchen wir die Hilfe eines Stocks (drittes Bein), um uns fortzubewegen. Wenn man darüber nachdenkt, ist unser Leben hier auf der Erde recht kurz. Gerade bin ich 60 geworden und fühle mich, als wäre ich erst 25 gewesen, voller Energie und Vorfreude auf die Zukunft.

Es war mir eine Freude, Vater meiner drei Kinder zu sein, aber sie sind so schnell erwachsen geworden. Ich vermisse die Zeit, als sie noch klein waren und ich mit ihnen Zeichentrickfilme gesehen, mit ihnen gespielt und am Boden gekämpft habe. Aber jetzt sind sie alle erwachsen, meine Söhne Jacob und Aaron haben ihr Studium abgeschlossen, und meine einzige Tochter Macy beginnt zu studieren. Das Leben ist irgendwie an mir vorbeigegangen. In meinem Leben habe ich große Erfolge und verheerende Verluste erlebt, aber der Herr war treu und hat mich durch alles hindurch begleitet.

Die Bibel sagt, dass Gott "*jedem Menschen die Ewigkeit ins Herz gelegt hat*" (Prediger 3,11). Damit ist gemeint, dass wir alle wissen wollen, woher wir kommen, wohin wir gehen und was unsere Aufgabe auf diesem Planeten ist. Wir Menschen tendieren zum "*vorauseilenden Scheitern*", das heißt, wir treffen meistens die falschen Entscheidungen, bevor wir merken, dass es bessere Optionen gäbe. Hoffen wir, dass wir besser entscheiden, wenn wir älter werden.

Das Leben ist voll von Leiden, auch wenn wir gute Entscheidungen fällen, aber manches, was wir uns antun, verursacht unnötig Leiden. Vieles habe ich auf die harte Tour gelernt. Und die besten Lektionen habe ich in den dunkelsten Momenten meines Lebens gelernt.

Möge dieses Buch dazu beitragen, einige Ihrer unnötigen Selbstzweifel zu zerstreuen und Ihnen Hoffnung in den dunkelsten Momenten Ihres Lebens zu geben. Wenn Sie sich fragen, wo Gott ist, wenn die Dinge außer Kontrolle geraten, dann haben Sie das richtige Buch in der Hand.

Wussten Sie, dass Sie nach dem Bilde Gottes geschaffen sind? So steht es in der Bibel. Welches der Lebewesen, die es auf der Erde gibt oder gab, ist das beeindruckendste? Löwen, Tiger, Elefanten? Und die Dinosaurier? Die höchstentwickelten kognitiven Fähigkeiten, die körperliche Geschicklichkeit und die Fähigkeit, seine Umwelt zu verändern, hat von allen Geschöpfen Gottes der Mensch. Die künstliche Intelligenz ist bereits auf dem Weg zur Schaffung des perfekten Menschen, aber wir haben etwas, was die künstliche Intelligenz niemals haben kann: den menschlichen Geist.

Ich bin sicher, dass Sie von Nahtoderfahrungen oder tatsächlichen Todeserlebnissen gehört haben, bei denen Menschen bekennen, dass ihr Geist für eine gewisse Zeit aus ihrem Körper herausgetreten ist. Unser menschlicher Geist ist der ewige Teil von uns, und er ist der Teil des Menschen, der uns in die Lage versetzt, mit Gott in Kontakt zu sein. Die Bibel sagt, dass Gott ein Geist ist und dass diejenigen, die ihn anbeten, dies im Geist und in der Wahrheit tun. Mit dem Intellekt lernen wir über die Qualitäten Gottes, aber mit dem Herzen erfahren wir ihn selbst.

Wenn wir an unseren physischen Körper denken, befinden wir uns in einem sehr verletzlichen, sehr bedürftigen Zustand, besonders wenn wir ein neugeborenes Baby sind. Ich weiß, dass wir Bilder von Nutztieren gesehen haben, die geboren werden und fast sofort aufstehen und laufen. Nun, Gott hat uns in all seiner Weisheit so geschaffen, dass wir in den ersten Lebensjahren sehr abhängig sind von Mutter und Vater, wenn es darum geht, uns zu ernähren, uns ein Dach über dem Kopf zu geben, uns zu kleiden, uns zu schützen und uns sogar den kleinen Po abzuwischen.

Ich kann mich noch gut daran erinnern, als ich ein werdender Vater war und dachte, dass das Wechseln der Windeln der schlimmste Teil des Elterndaseins sein würde. Wie sich herausstellte, war das Wechseln der Windeln meiner Kinder einer der leichtesten Teile des Elterndaseins. Lach! Eltern von Jugendlichen wissen, wovon ich rede. Manchmal habe ich mich gefragt: *"Warum hat Gott die Menschen als Babys so schwach und hilfsbedürftig gemacht, während manche Tiere von Geburt an laufen können?"*

Das ist eines der vielen Dinge, die den Menschen von anderen Lebewesen unterscheiden. Zu anderen Menschen, vor allem zu unseren Eltern, haben wir einen Bindungsprozess durchlaufen.

Babys brauchen, wenn sie gestillt oder mit der Flasche gefüttert werden, mehrere Monate lang den Halt von Mama oder Papa. Das ist für das Baby sehr beruhigend und für die Eltern eine sehr erfüllende Erfahrung. Ich erinnere mich, als Jacob, unser Erstgeborener, noch klein war. Nach dem Abendessen saß ich in meinem Sessel im Wohnzimmer. Wenn meine Frau Jacob gestillt hatte, brachte sie ihn zu mir, legte ihn auf meine Brust und wir schliefen beide eine Weile ein.

Es war ein sicherer, bequemer Ort für Jacob, sich nach einer guten Mahlzeit auszuruhen, aber auch eine der schönsten und befriedigendsten Erfahrungen meines neuen Vaterlebens. Es war gut für uns beide. Gott hat es so gewollt, dass wir unser Leben in einer sicheren und warmen Umgebung beginnen. Wir werden behütet und umsorgt von Menschen, die uns lieben. Das ist Gottes perfekter Plan, aber wie wir alle wissen, entwickeln sich die Dinge nicht immer so, wie sie geplant waren.

Ich hatte das Glück, eine süße, liebevolle Mutter zu haben, als ich klein war. Sie war aufmerksam und zärtlich, und ich mochte die Zuwendung, die sie mir gab.

Wenn ich krank war, bekam ich von ihr viel Aufmerksamkeit. Das war wirklich schön, sich geliebt und aufgehoben zu fühlen, und dadurch war die Krankheit nicht so schlimm. Ich danke Gott, dass er mir eine gute Mutter geschenkt hat, aber ich habe viele Jahre damit verbracht, zu hinterfragen, wie Gott die Väter auswählt.

In diesem Buch werde ich weder meinen Vater noch einen meiner beiden Stiefväter schlecht machen; ich hätte genauso gut einen tollen Vater und eine schlechte Mutter haben können. Auf lange Sicht spielt das keine Rolle. Tatsache ist, dass wir es mit einer unvollkommenen Welt und unvollkommenen Menschen zu tun haben und dass die meisten Menschen andere Menschen so behandeln, wie ihre Eltern sie behandelt haben, selbst wenn es sich dabei um missbräuchliches oder vernachlässigendes Verhalten gehandelt hat.

Ungesunde Verhaltensweisen und Überzeugungen können von einer Generation an die nächste weitergegeben werden, ohne dass sich jemand darüber im Klaren ist, dass sie missbräuchlich sind. In meiner Herkunftsfamilie gab es lange vor meiner Geburt Muster von Missbrauch und psychischer Krankheit, die mich bis weit in mein Erwachsenenleben hinein beeinflusst haben.

Wir sind nicht allein mit unseren Kämpfen, das ist die gute Nachricht. Wir können von anderen Menschen lernen, die große Hindernisse bewältigt haben, und wir können auf einen liebenden, machtvollen und allwissenden Gott vertrauen, der uns auf unserem Weg begleiten möchte.

Eine weitere menschliche Schwäche ist unser seelisches Bedürfnis nach Liebe, Zugehörigkeit und Verbundenheit mit anderen. Unser Bedürfnis nach körperlicher Berührung, nach bestätigenden Worten und nach Nähe zu anderen beeinflusst unser Wohlbefinden in hohem Maße. Wenn ein Kind laufen und sprechen lernt, beginnt es, seine Umwelt zu erkunden und Fähigkeiten zu entwickeln. Dann geht es zur Sozialisierung und Entwicklung seiner Seele (Verstand, Wille und Gefühl) in die Kindertagesstätte, in die Kirche und in die Schule.

Ich persönlich habe einige verletzende Erfahrungen in der Kindertagesstätte gemacht, als ich ein Kind im Vorschulalter war, aber ich habe einige großartige Erfahrungen in der Grundschule gemacht. Meiner Meinung nach ist das so eine Art Glück des Tüchtigen. Ich hoffe, dass wir als Kinder gute Erfahrungen mit unserer Mutter und unserem Vater gemacht haben, aber wenn wir in die Welt hinausgehen, stellen wir fest, dass es Menschen gibt, die sicher sind, und andere, die es nicht sind.

Meine Mutter musste meinen alkoholkranken und gewalttätigen Vater verlassen, als ich vier Jahre alt war, meine ältere Schwester war fünf Jahre alt und meine kleine Schwester war gerade geboren. Wir verließen unser Zuhause in Midland und zogen 1966 nach Lubbock, Texas, auf der Flucht vor dem Missbrauch und auf der Suche nach einem neuen Leben.

Es war eine große emotionale Herausforderung für mich als kleiner Junge, der gerade sein Zuhause, seine Stadt und seine Freunde verlassen hatte.

Noch zu jung, um mich an die Misshandlungen durch unseren Vater zu erinnern, erzählten mir meine ältere Schwester und meine Mutter davon, als ich älter wurde. Mein Unterbewusstsein hatte sich sicherlich Notizen gemacht, auch wenn mein Verstand sich nicht an diese Erlebnisse erinnern konnte.

Als Kleinkind in einer unsicheren Umgebung aufzuwachsen, hat mein Sicherheitsgefühl geschwächt. Als wir anfingen, uns in unserem neuen Zuhause in Lubbock einzuleben, hatte ich manchmal Gefühle von Angst und Verlassenheit. Meine Mutter war nun alleinerziehend. Sie musste arbeiten gehen und ich musste in die Kindertagesstätte.

Meine Großeltern behielten meine große Schwester bei sich in Rule, Texas, und schickten sie in den Kindergarten, um meiner Mutter zu helfen. Rhonda war ein Jahr älter als ich, also waren wir Spielkameraden und beste Freunde, aber jetzt war auch sie nicht mehr da. Es war eine emotional aufwühlende Zeit für mich, weil sich über Nacht so viel verändert hatte.

Als Kinder sind wir sehr unschuldig, verletzlich und sensibel für alle Reize, die uns umgeben. Negative Erfahrungen können wir nicht ausblenden. Alles beeinflusst uns. Erst wenn wir erwachsen sind, sind wir in der Lage, einen Schritt zurückzugehen und die negativen Einflüsse unserer Jugend zu lösen. Manchmal ist unser heutiges Leiden das Ergebnis ungelösten oder unverarbeiteten früheren Schmerzes, der sogar bis zur Geburt zurückreicht. Dass wir als Kinder traumatisiert wurden, ist nicht unsere Schuld.

Ich möchte nur sagen, dass es theoretisch genauso einfach ist, emotionalen Schmerz zu überwinden, wie körperliche Wunden zu heilen. Körperliche Wunden heilen auf eine bestimmte Art und Weise, und das gilt auch für emotionale Wunden. Nur schämen sich die Menschen aus irgendeinem grausamen Grund dafür, dass sie emotionale und mentale Kämpfe haben. Das ist ein großes Übel, das wir an unsere Art weitergeben.

Ich möchte einen Beitrag dazu leisten, dass sich das Bewusstsein auf dem Gebiet der psychischen und emotionalen Krankheiten verändert, so dass wir lernen können, uns selbst von den Traumata zu heilen, die wir erlebt haben. Gott zu erlauben, zu den zerbrochenen Teilen meines Herzens zu sprechen, hat mein ganzes Leben gedauert. Nun, damit Sie nicht so lange warten müssen wie ich, möchte ich diese Wahrheiten und Einsichten mit Ihnen teilen. Möge Gott Sie beim Lesen segnen.

KAPITEL 2

VERLORENE UNSCHULD

W ie muss sich Gott gefühlt haben, als Adam und Eva im Garten Eden seinen einzigen Befehl nicht befolgten? Ich denke an die lustigen Memes auf YouTube: *"Du hattest nur eine Mission"*. Denken Sie darüber nach... Gott hat Sie in den Garten Eden gesetzt, in einen vollkommenen Ort, wo Sie jede Nacht mit Gott wandelten und redeten, wo Sie alles hatten, was Sie brauchten.

Das Einzige, von dem Sie sich fernhalten sollten, war der Baum der Erkenntnis des Guten und des Bösen. Das Menschsein, als er noch Er meinte nicht den unmittelbaren physischen Tod, sondern den Tod unserer Unschuld, unseres Seelenfriedens und unseres Verbundenheitsgefühls zum Schöpfer.

Die Gebote Gottes sind zu unserem Schutz da, nicht um uns des Segens zu berauben. Auch besteht kein Anlass, Gott zu bestehlen oder ihn für die eigenen Bedürfnisse zu manipulieren, denn Gott sagt: *"Bittet und ihr werdet empfangen."* Alle Geschöpfe beginnen mit dem Gefühl der Knappheit. Seine Eigenschaften als Sohn Gottes.

Eine der großen Segnungen Gottes ist, dass er uns einen freien Willen geschenkt hat, aber wir sind nicht so weise oder so stark oder so edelmütig, dass wir uns immer für das entscheiden, was das Beste für uns ist. Wir sind nicht so weise oder so stark oder so edelmütig, dass wir uns immer für das entscheiden, was für uns das Beste ist. Eva war leicht in Versuchung, die Frucht des einen Baumes zu essen, der verboten war, und Adam war leicht in Versuchung, ihr zu folgen. Welcher Mann würde schon nein sagen, wenn eine schöne nackte Frau vor ihm steht? Lol! Aber im Ernst: Wie leicht war es für die Schlange, die Menschen zu täuschen und Gottes Warnung in den Wind zu schlagen?

Ich und viele andere haben uns der Illusion hingegeben, dass wir diesen Apfel nie gegessen hätten. Da wir das Ebenbild Gottes (Sohn Gottes) sind, wie in Kolosser 1 Denn wir Menschen sind von Natur aus leichtgläubig, selbstsüchtig, arrogant, töricht, neidisch und treffen dumme Entscheidungen. Erst wenn wir die Folgen unserer Fehlentscheidungen spüren, suchen wir nach besseren Entscheidungen.

Warum denken wir, sind wir besser als andere? In der Bibel heißt es: *"Was jammerst du über den Splitter im Auge deines Bruders, wenn du selbst einen Balken im Auge hast?"* Ich glaube, das hat mit der Erbsünde zu tun, die im Garten Eden begangen wurde.

Die meisten Menschen sind der Meinung, dass die Erbsünde der Ungehorsam durch das Essen des *"Apfels"* war, aber die Sünde, die dem vorausging, war eigentlich die Sünde des Neides. Die Schlange sagte Eva, dass Gott nicht wollte, dass sie wussten, was er wusste, dass er ihnen Informationen vorenthielt. Auch wenn wir durch unser Vertrauen in Jesus in einer Beziehung zu Gott stehen, so sind wir doch immer noch nicht in Sicherheit.

Gehen wir noch weiter zurück in die Zeit, als es nur Gott, Jesus, den Heiligen Geist und die Engel im Himmel gab. Luzifer war neben Gabriel und Michael einer der drei Erzengel. Luzifer war der schönste der Engel. In der Bibel ist die Rede von einer Reihe von Musikinstrumenten, die in irgendeiner Weise mit ihm in Verbindung gebracht werden.

Luzifer war also mit besonderer Schönheit und besonderen Fähigkeiten ausgestattet, aber er wurde geschaffen, um Gott, den Allerhöchsten, anzubeten und ihm zu dienen. In seinem Herzen wurde Luzifer stolz auf seine besondere Schönheit und auf seine besonderen Talente, und er fing an, sich besondere Aufmerksamkeit zu wünschen.

Ich nehme an, dass Gott sogar den Engeln den freien Willen gegeben hat, ihm zu gehorchen oder nicht, denn Luzifer wurde eifersüchtig auf die Macht und die Autorität, die Gott über alle Dinge hat, und er beschloss, sich gegen den Herrn aufzulehnen. Es gelang ihm, ein Drittel der Engel in seine Rebellion hineinzuziehen, und Gott warf sie alle aus dem Himmel.

Da Luzifer sich in den Augen des Herrn nicht mehr als Engel des *"Lichts"* identifizieren konnte, änderte Gott seinen Namen in Satan. Satan war eifersüchtig auf die Macht und Autorität Gottes und auf die Anbetung, die Gott im Himmel zuteilwurde. Der Fluch der Schande und der Verlust der Unschuld waren die Folge. Das wirft die Frage auf: Warum hat Gott nicht einfach vollkommen gehorsame Wesen geschaffen, um sein Leben und seine Liebe mit ihnen zu teilen?

Um diese Frage zu beantworten, müssen wir über das Wesen der Liebe sprechen, wie Gott sie versteht. Gottes Wort sagt, wahre Liebe sei gütig, geduldig, unselbstständig, nicht fordernd, nicht aufdringlich und anderes mehr. Gott will so geliebt werden, wie wir geliebt werden wollen, nicht durch Zwang oder Manipulation, sondern aus freiem Willen.

Es ist klar, dass Satan nicht mit einem perfekten Himmel zufrieden war und dass Adam und Eva nicht mit einem perfekten Garten Eden zufrieden waren, so dass Gott die Natur der geschaffenen Wesen versteht. Geschaffene Wesen tendieren dazu, sich mit dem, was sie erhalten haben, nicht zufrieden zu geben, und Zufriedenheit und Dankbarkeit werden nur durch das Erleben von Verlorenheit erlernt.

Wir sind verloren, weil wir in unserem Leben getrennt sind. Ich bin in den 60er- und 70er-Jahren aufgewachsen, als wir für unser Geld im Haushalt arbeiten, auf Kinder aufpassen, Zeitungen austragen und den Rasen mähen mussten. So lernten wir den Wert des Geldes kennen und den Wert dessen, was wir kauften. Meine Kinder, die an der Wende zum 21. Jahrhundert geboren wurden, bekamen all den Luxus, den wir uns wünschten, einfach deshalb, weil unser Lebensstil und unsere Kultur dies verlangten.

Ich erinnere mich daran, wie meine Tochter Macy mich um ein I-Phone anflehte, als sie 10 Jahre alt war, mit der Begründung: *"Alle anderen haben ein I-Phone"*. Ich habe sie 2 Jahre lang hingehalten und ihr ständiges Betteln ertragen, während mein Geist und meine Seele von der Präsenz des Telefons erfüllt waren. Als sie dann 12 wurde, gab ich nach, weil die Schule anscheinend verlangte, dass sie eins haben sollte. Unser menschlicher Geist wird durch den Geist Gottes lebendig gemacht, wenn wir unseren Glauben an Gott bekennen, indem wir Jesus als unseren Herrn und Erlöser annehmen.

Es wird einige ärgern, wenn ich dies sage, aber wenn man kleinen Kindern so viele elektronische Geräte in die Hand drückt, gibt man ihnen eine verzerrte Vorstellung von der Realität und entfremdet sie vom echten Leben und von echten Beziehungen.

Wir sollten unsere Kinder im Auto aus dem Fenster schauen lassen, anstatt ihnen irgendwelche Geräte in die Hand zu drücken. Das tut der Seele gut, und sie brauchen Zeit, sich einfach hinzusetzen und nachzudenken, was ihnen in den Sinn kommt. Der Geist Gottes kommt und nimmt Wohnung in unserem Leib. Wir werden ein Tempel (Wohnung) des Heiligen Geistes. A Und die Möglichkeit, Informationen im Handumdrehen zu googeln, mag manchmal ganz nett sein, aber sie hat die Eltern überflüssig gemacht. Es kann Gottes ursprünglichen Plan zunichte machen, dass Kinder von ihren Eltern etwas über das Leben lernen.

Meine Generation ist also aufgewachsen, indem sie lernte, ihren Lebensunterhalt zu verdienen, Freundschaften zu schließen, indem sie draußen spielte, viel Sonne und Bewegung bekam und im Grunde lernte, wie man in der Welt lebt. Es gibt eine Gemeinschaft mit Gott, der ein Geist ist. Von all den Täuschungen, Versuchungen und persönlichen Agenden, denen wir alle durch unsere Computer und Telefone ausgesetzt sind, will ich gar nicht erst anfangen.

Was ich im Grunde sagen will, ist, dass unsere heutige Gesellschaft mit einem Luxus verwöhnt ist, den die meisten Menschen in der Geschichte nie hatten, und anstatt zufrieden zu sein, wollen wir einfach mehr. Wir geben uns nicht mit einem I-Phone 40 (Übertreibung) zufrieden, wir müssen von allem die neueste Version haben.

Denken Sie einmal darüber nach... Unsere Urgroßeltern haben wahrscheinlich auf Bauernhöfen gelebt. Sie haben ihr eigenes Essen angebaut und sind auf Pferden geritten oder zu Fuß gegangen. Das ist eine ganz andere Welt, als wir sie kennen. Unsere Kinder haben im Vergleich zu 95 Prozent der Menschen, die vor uns gelebt haben, keine Ahnung, wie einfach sie es haben. Natürlich sind sie mehr Versuchungen ausgesetzt als wir es je waren.

Man muss nicht einmal mehr ins Kino gehen, sondern kann sich einen Film bei Netflix oder einem anderen Streaming-Anbieter bestellen. Am Freitagabend vor dem Kino zu stehen und sich darauf zu freuen, vielleicht einen Freund oder eine Freundin zu treffen, war in den 70er Jahren das Ereignis der Woche. Das wirkt sich auf unseren Körper, unsere Seele und unseren Geist aus. Und es mag sein, dass es den Kindern besser gefällt, aber für die älteren Erwachsenen ist es einfach ganz und gar unangenehm. Das geistliche Reich herrscht über das natürlicher.

Wir Menschen wurden von Gott geschaffen, um intellektuell, sozial, emotional und spirituell zu wachsen. Wir sollen lernen, indem wir arbeiten und scheitern und wieder aufstehen und weitermachen. Wir brauchen Herausforderungen, manchmal sogar Tyrannen, um das Beste aus uns herauszuholen. Wir werden stark durch das Heben schwerer Gewichte, und wir wachsen in unserem Charakter durch das Aufnehmen von Herausforderungen und deren Bewältigung. Unser Selbstvertrauen wächst, wenn wir uns unseren Ängsten und Herausforderungen stellen.

Wenn wir zu viel erhalten, ohne dass wir es verdient hätten, dann führt das oft zu einem Mangel an Wertschätzung für das, was wir besitzen, und zu dem Gefühl, dass wir ein Recht darauf hätten, alles zu erhalten, was unser Nächster besitzt. Wenn man eifersüchtig ist auf das, was der andere besitzt, dann sollte man die Arbeit tun, die er tut, und sich das verdienen, was er bekommt. Wenn man sich darüber im Klaren ist, dass man sich etwas hart erarbeitet hat, wird man es viel mehr zu schätzen wissen, als wenn es ein Geschenk wäre.

Eine weitere Lektion, die wir aus der Geschichte vom Garten Eden lernen können, ist, zu erkennen, dass Gott den Menschen aus dem Staub gemacht hat, aus den Grundelementen des Periodensystems, wie wir im Chemieunterricht lernten. Aber es war der Atem Gottes selbst, der Adams Körper Leben einhauchte.

Im Hebräischen heißt Gott JHWH oder Jahwe, was man sich leicht als das Geräusch vorstellen kann, das wir beim Ein- und Ausatmen machen. Während meines Biologiestudiums habe ich die unglaubliche Komplexität des menschlichen Körpers kennen gelernt, aber nichts davon würde funktionieren, wenn nicht der Atem Gottes in unseren Lungen weht. Er ist die Luft, die wir atmen, und die Quelle des Lebens für unseren Körper, unseren Verstand, unsere Gefühle und unseren Geist.

In Kolosser 1:17 heißt es: *"... in (Jesus) werden alle Dinge zusammengehalten"*. Das ist in den letzten Jahren zu einer meiner Lieblingsstellen in der Bibel geworden, weil ich weiß, dass Jesus mich in Zeiten, in denen ich dachte, ich könnte auseinanderbrechen, zusammengehalten hat.

Dass Gott Adam und Eva vollkommen und unschuldig gemacht hat, ist eine weitere Lektion aus dem Garten. Auch darüber werden wir später noch sprechen. Sie konnten nicht zwischen Gut und Böse unterscheiden, weil sie unschuldig waren. Sie waren so unschuldig wie kleine Kinder, und ihr Leben war ganz süß. Am Abend hatten sie das Recht auf ein Gespräch mit Gott von Angesicht zu Angesicht und von Herz zu Herz.

Um zusammenzufassen, was wir aus dem Garten von Eden gelernt haben... 1) Der Mensch ist von Natur aus eifersüchtig auf seine Mitmenschen und wünscht sich, dass seine Mitmenschen ihn beneiden. Doch nachdem Eva und Adam von der Frucht des Baumes der Erkenntnis von Gut und Böse gegessen hatten, wurde alles anders.

Als ich an der Bibelschule in Dallas studierte, las ich ein Buch über die Geschichte von Adam und Eva. Darin wurde beschrieben, wie sie sich fühlten, nachdem sie Gottes Warnung vor dem Baum in den Wind geschlagen hatten. Ich brach buchstäblich in Tränen aus, als ich von den Gefühlen der Scham, der Verlegenheit und des Verlustes der Unschuld las, die sie nach dem Essen des Apfels empfanden. Ich habe die Erfahrung gemacht, dass man in vollkommener Gemeinschaft mit dem Vatergott lebt und auf einmal getrennt, isoliert und einsam ist. Die Scham, die sie empfanden, führte dazu, dass sie sich vor Gott versteckten.

Aufgrund meiner Erfahrungen als Kind habe ich in meinem Leben manchmal diese Gefühle der Trennung, der Einsamkeit, der

Scham und des Verlustes der Unschuld gespürt. Ich weiß, wie es ist, wenn man über viele Jahre hinweg emotional unter einem Trauma leidet, für das man nicht verantwortlich ist. Mir hat das Herz für Adam und Eva und für den Rest der Menschheit gebrochen, dass wir durch die Sünde die vollkommene Beziehung zu Gott, dem wahren Vater, verloren hatten.

Es brach mir das Herz zu sehen, wie meine Kinder ihre Unschuld verloren, während sie aufwuchsen. Zu hören, wie Jakobs bester Freund ihn leichtfertig vor der ganzen Klasse verriet, zu sehen, wie Aarons Persönlichkeit sich über Nacht veränderte, weil eine Erzieherin ihn scharf beschimpfte, nur weil er etwas Milch verschüttet hatte, und zu sehen, wie Macys Unschuld durch das I-Phone, das sie unbedingt haben wollte, und ihre Erfahrungen mit gemeinen Mädchen gestohlen wurde. Macht und Kontrolle über andere.

Aber Gott hat einen Weg geschaffen, wie unsere Sünde reingewaschen und vergeben werden kann und wie die Strafe für die Sünde bezahlt werden kann... durch 2) Wir sind nicht sehr klug und leicht manipulierbar. Manchmal frage ich mich, wie schwer es für Jesus gewesen sein muss, seinen Platz zur Rechten des Thrones des Vaters im Himmel zu verlassen und auf die Erde zu kommen, um menschliche Erfahrungen zu sammeln.

Er war in vollkommener Gemeinschaft mit seinem Vater, Gott, und alle Engel im Himmel beteten ihn den ganzen Tag an, und er war von Herrlichkeit und Ehre umgeben. Doch weil Adam und Eva sündigten und die Menschheit fortan unter dem Fluch der Sünde stand, musste es einen Weg geben, die Beziehung zu Gott wiederherzustellen.

Das hebräische Volk verstand das Konzept der Tieropfer sehr gut. Um für ihre Sünden zu bezahlen, erlaubte Gott den Hebräern über Generationen hinweg, zu bestimmten Zeiten ein unschuldiges Lamm zu opfern. Für ein andauerndes Problem, die Trennung von Gott, war dies eine vorübergehende Lösung.

Als die Zeit gekommen war, sandte Gott Jesus auf die Erde, damit er die Erfahrung eines Menschen machen konnte, während er gleichzeitig all seine Eigenschaften behielt, die ihn zum Sohn Gottes machten. Wie in Kolosser 1:15 beschrieben, lebte er 33 Jahre auf der Erde als Mensch (Menschensohn) und gleichzeitig als Ebenbild Gottes (Gottessohn).

Wir stehen unter dem Fluch der Scham, des Verlustes der Unschuld und der Einsamkeit, solange wir nicht durch das Vertrauen auf Jesus wieder mit Gott verbunden sind. Wir sind verloren, weil unser Geist und unsere Seele von der Gegenwart Gottes getrennt sind. Unser menschlicher Geist wird durch den Geist Gottes lebendig gemacht, wenn wir unseren Glauben an Gott bekennen und Jesus als Herrn und Erlöser annehmen. Das nennt man „aus dem Geist Gottes geboren werden".

In der Tat, der Geist Gottes nimmt Wohnung in unserem Leib. Wir werden ein Tempel (Wohnung) des Heiligen Geistes. An diesem Punkt können wir Gemeinschaft mit Gott haben, der Geist ist. Es gibt eine ganz andere Daseinssphäre, zu der wir Zugang haben und die unseren Körper, unsere Seele und unseren Geist betrifft. Und die geistige Sphäre herrscht über die natürliche. Auch darauf werden wir später zurückkommen.

Fassen wir zusammen, was wir aus dem Garten Eden gelernt haben...

1. Der Mensch ist von Natur aus eifersüchtig auf andere und hat den Wunsch, Macht und Kontrolle über andere zu haben.

2. Wir sind nicht sehr intelligent. Wir sind leicht zu manipulieren und zu verführen.

3. Wir neigen dazu, das, was uns gegeben wird, nicht zu schätzen; wir sind immer auf der Suche nach mehr.

4. Wir mögen es nicht, wenn man uns sagt, was wir tun sollen.

5. Wir treffen erst dann eine gute Entscheidung, wenn wir alle schlechten Entscheidungen hinter uns haben.

6. Wir fühlen uns verloren und beschämt, wenn wir keine Verbindung zu unserem himmlischen Vater haben.

7. Gottes Plan war immer eine enge Beziehung zu den Menschen.

KAPITEL 3

SCHANDE ÜBER UNS

Bei meinen Studien und Forschungen über die menschliche Natur, um herauszufinden, ob ich normal bin oder nicht, stieß ich auf zwei grundlegende Denkweisen bei Männern und Frauen. Frauen haben, wie sie selbst zugeben, ein Grundgefühl der Angst. Sie fürchten Tiere, Insekten, Männer, das Wetter und so weiter. Sie sehnen sich nach Sicherheit und Geborgenheit und suchen einen Mann, der ihnen Sicherheit gibt.

Männer haben Angst, nicht gut genug für unsere Frauen und Familien zu sein. Wir begehren den Blick einer schönen Frau und fühlen uns am besten, wenn wir für sie sorgen, sie schützen und ihr dienen. Wir wissen, dass Frauen einen guten Versorger wollen, also werden wir uns für das Wohlbefinden und die Versorgung unserer

Frauen und Kinder verausgaben. Ohne ein Ziel und jemanden, dem wir dienen können, fühlen wir uns verloren. Das sind normale menschliche Grundgefühle, aber hinter diesen beiden Gefühlen steckt ein unbewusstes Schamgefühl.

Erinnern wir uns, dass Adam und Eva nackt waren und sich nicht schämten, bis ihnen die Erkenntnis gegeben wurde, gut und böse zu unterscheiden. Weil wir uns unserer menschlichen Schwächen und Unwissenheit bewusst sind, schämen wir uns. Wir wissen, dass wir manchmal dumm und egoistisch und neidisch und all das sind. Wenn wir verletzt sind, weinen wir manchmal, und wir hassen es, wenn man uns weinen sieht. Wir wollen uns so verzweifelt mächtig und stark fühlen und alles unter Kontrolle haben, aber tief in unserem Inneren wissen wir, dass wir schwach sind und dass wir vor vielen Dingen Angst haben.

Im Alter von vielleicht 5 Jahren spielte ich draußen mit meinen Cousins aus dem Viertel. Ein Fußball wurde mir über den Kopf geworfen, und als ich ihn unter einem alten, verlassenen Lastwagen hervorholte, hatte ich vor etwas Angst. Die Stoßstange war wie Reißzähne geformt und bemalt.

Wenn wir Kinder sind, erschrecken wir uns vor dummen Dingen, über die Erwachsene nicht einmal nachdenken, aber wenn wir älter werden, wachsen die Dinge, vor denen wir uns fürchten, mit uns mit. Babys haben Angst vor lauten Geräuschen, Kinder vor Monstern und gruseligen Lastwagen. Jugendliche fürchten sich davor, nicht dazuzugehören, und Erwachsene davor, nicht genug Geld zu haben und allein zu sein.

Das sind alles altersübliche Ängste, die wir in der Regel mit zunehmendem Alter überwinden. Es gibt aber auch Ängste, die uns als Menschen angeboren sind, die Teil unserer gefallenen menschlichen Natur sind und die uns so lange verfolgen, bis wir die Wahrheit über uns selbst, über unsere Welt und über Gott entdeckt haben.

Da ist die Scham, naiv zu sein, unwissend, körperlich schwach, bestimmten Dingen hilflos ausgeliefert - die Liste ist endlos. Ein Segen des Älterwerdens besteht darin, dass wir Selbstvertrauen gewinnen, wenn wir unsere Ängste, seien sie dumm oder real, konfrontieren und überwinden. Diese Art der Scham ist nicht unbedingt etwas

Schlimmes, denn sie motiviert uns dazu, uns weiterzubilden, Sport zu treiben, uns richtig zu ernähren und uns die Fähigkeiten anzueignen, die wir uns wünschen. Wissen ist Macht, und die Suche nach Wissen und Verständnis ist eine der schönsten Erfahrungen, die man machen kann.

Ich liebe es, neue Dinge zu lernen und neue Fähigkeiten zu erwerben. In meiner Freizeit habe ich in den letzten Jahren viel renoviert und dabei von vielen erfahrenen Handwerkern und Frauen Tipps bekommen. Mit diesem Wissen habe ich viel Geld verdient, indem ich renoviert und in Immobilien investiert habe. Ich habe gelernt, wie wichtig es ist, um Hilfe zu bitten.

Es ist keine Schande, unwissend zu sein, sondern nur, unwissend zu bleiben. Wir stehen ständig vor neuen Herausforderungen und Umständen, die wir nie zuvor gesehen haben, und wir suchen immer nach Wahrheit und Weisheit. Haben Sie den Mut, Neues zu probieren und neue Fertigkeiten zu lernen, denn das bringt Freude und Belohnung ins Leben.

Ein Grundmuster der Scham ist von Generation zu Generation weitergegeben worden, aus Unwissenheit, aus Mangel an Geduld, aus Mangel an Verständnis. Nehmen wir zum Beispiel eine Mutter, die ihr Kind mit zum Einkaufen nimmt. Kinder unter 6 Jahren haben eine sehr kurze Aufmerksamkeitsspanne und lassen sich leicht von dem, was sie sehen, beeinflussen.

Und vermeiden Sie auf jeden Fall den Gang mit den Spielsachen! Nehmen Sie mich beim Wort, Sie werden es bereuen! In einem Supermarkt ist es unvermeidlich, dass sich Kinder über etwas ärgern, entweder weil sie etwas haben wollen, das sie nicht bekommen können, oder weil sie zurechtgewiesen werden, weil sie weggelaufen sind, oder weil sie einfach gelangweilt oder müde sind.

In 9 von 10 Fällen sind es die Eltern, die ihr Kind durch Schimpfen oder Beschämung zu gutem Benehmen bringen, denn Schimpfen ist der schnellste Weg zur Verhaltensänderung, auch wenn es eine verletzende Methode ist. Es gibt bessere, freundlichere Wege, ein Verhalten zu korrigieren, und wenn dies zu Hause geschieht, können Eltern der Situation mit mehr Geduld und Einfühlungsvermögen begegnen.

Kinderherzen sind viel empfindlicher als Erwachsenenherzen, so dass diese harten Worte mehr Schaden anrichten, als uns bewusst ist.

Neulich habe ich mit einem Mann darüber gesprochen, wie er als Kind gezüchtigt wurde. Seine Mutter schimpfte und schämte ihn für das, was er getan hatte, und er hätte sich in diesem Moment gewünscht, dass sie ihm den Hintern versohlt hätte, anstatt so zu sprechen. So haben wir uns alle schon einmal gefühlt, wette ich. Disziplin sollte eine Erziehung beinhalten, aber sie muss nicht bedeuten, dass wir unsere Kinder beschimpfen.

Denken Sie daran, dass wir alles über das Leben lernen müssen. Wir sind nicht wie Tiere, die einfache Instinkte haben, um zu funktionieren und zu überleben. Wir müssen viel mehr lernen, wie man lebt. Unser Leben ist viel komplizierter als das der wilden Tiere und wir sind unseren Eltern und Großeltern ausgeliefert, wenn es darum geht, uns zu erziehen und uns die richtige Richtung zu weisen.

Viele wichtige Lektionen des Lebens werden uns weder in der Schule noch in der Kirche beigebracht, so dass es an uns liegt, selbst nach Verständnis zu suchen. Für unsere Unwissenheit, die uns in einer Opfermentalität gefangen hält, können wir nicht andere verantwortlich machen. Es liegt an uns, tiefer zu graben, um Antworten zu finden. Mir gefällt die Bibelstelle in Sprüche 26:2,

> *"Es ist Gottes Ehre, eine Sache zu verbergen, und es ist der Könige Ehre, eine Sache zu ergründen".*

Und dieses Zitat aus Römer 12:2,

> *"Stellt euch nicht mehr dieser Welt nach, sondern wandelt euch durch die Erneuerung eures Sinnes."*

Wenn wir uns weigern, die Grundmuster des Lebens zu wiederholen und nach einer höheren Wahrheit suchen, werden wir wie Könige auf Erden und entdecken den wahren Reichtum des Lebens. Fragen Sie diejenigen um Rat, die weiser sind als Sie. Gehen wir unseren eigenen Weg und folgen wir unserem Gewissen. Wir brauchen nicht zu wiederholen, was alle anderen getan haben. Gott hat uns geschaffen, damit wir anders sind als alle anderen. Leider wollen die meisten von uns nur dazugehören und sich der Masse anpassen.

Als ich in der Highschool war, erlebte ein Freund von mir im Sommerlager der Kirche eine andere Geschichte darüber, wie Scham einen Menschen beeinflussen kann. An einem Tag mussten wir in Gruppen arbeiten, um einen Sketch zu entwickeln, der eine Moral oder eine Lektion für alle enthielt, und der beste Sketch sollte am letzten Tag des Camps prämiert werden.

Ein paar der Größeren, mich eingeschlossen, haben einen richtig blöden Sketch gemacht, bei dem wir unsere Körper eingeölt haben und unsere Version eines Mr.-Amerika-Wettbewerbs aufgeführt haben. Als wir also am Freitag an der Reihe waren, gingen wir auf die Bühne, nannten uns die *"Spiritual Giants"* und fingen einfach an, die Muskulatur anzuspannen. Das sollte natürlich lustig sein.

Die Mädels lachten sich kaputt über unseren albernen Sketch, das war ja auch zu erwarten, und wir haben sogar den Preis für den besten Sketch gewonnen! Aber als wir auf der Bühne standen, schaute ich mich um und sah den einzigen Neuen, der in unserem Sketch mitgespielt hatte. Er war jünger und von Natur aus kleiner als wir Senioren und gab sich große Mühe, so muskulös auszusehen wie der Rest von uns. Ich amüsierte mich über sein vor Anstrengung so rotes Gesicht.

Ich weiß, dass er sich schämte, nicht so groß und kräftig zu sein wie wir anderen, aber ich habe erst viele Jahre später begriffen, wie prägend das für ihn war. Nach der Highschool verloren wir für viele Jahre den Kontakt zu ihm, aber als wir erwachsen waren, wurden wir über Facebook wieder Freunde. Die meisten seiner Posts handelten von seinem Training und seinen Gewichtheberwettkämpfen. Die Scham, die er dabei empfand, hatte einen großen Einfluss auf ihn. Viele Profisportler werden zum Erfolg getrieben, weil sie als Jugendliche nicht mithalten konnten.

Es gibt aber auch eine grausamere und übermächtigere Art von Scham. Sie kann unsere Persönlichkeit über Jahre hinweg verändern, bis wir uns ihrer bewusst werden. Da ist der teuflische Geist der Scham, der unser Denken und Fühlen beherrscht, entweder durch eine traumatisierende Erfahrung oder durch fortgesetzten Missbrauch. Diese Art von Scham kann nicht einfach durch das Erlernen neuer

Lebensfertigkeiten überwunden werden. Meine Seele wurde dieser Art von Scham ausgesetzt, als ich 3 Jahre alt war.

Jahrzehnte später, als wir über unsere Erfahrungen mit unseren drei Vätern sprachen, erzählte mir meine ältere Schwester diese Geschichte. Sie erzählte, wie mein leiblicher Vater eines Tages mit ihr und mir in den Park ging, um zu spielen. Es schien, als wäre ich beim Spielen hingefallen, hätte mir das Knie aufgeschürft und hätte angefangen zu weinen. Ich war damals erst drei Jahre alt.

Beginnen sollte ich diese Geschichte vielleicht mit einem Blick auf die Person meines Vaters. Bis zu dem Tag, an dem er Vater wurde, sagte meine Mutter, sei er ein ziemlich guter Ehemann gewesen. Da fing er an, abends in die Kneipe zu gehen, anstatt zu seiner Frau und seinen Kindern nach Hause zu kommen. Etwas hatte sich in ihm verändert, was ihn entweder ängstigte oder überforderte, als er Vater wurde. Das scheint nicht selten zu sein. Vor vielen Jahren steckte sich einer unserer Freunde aus der Kirche eine Woche vor der Geburt seines ersten Kindes eine Schrotflinte in den Mund. Er war der Leiter unserer Gruppe für junge Ehepaare. Das hat alle schockiert!

Ich urteile hier über niemanden, denn auch ich bin Vater von kleinen Kindern gewesen. Frauen können mit kleinen Kindern viel besser umgehen, das weiß ich. Der Umgang mit einem schreienden Baby kann für einen Mann schwierig sein. Für das Trommelfell eines Mannes ist allein schon der hohe Ton seines Schreiens schmerzhaft. Das ist keine Entschuldigung, sondern nur eine Beobachtung. Zurück zu meiner Geschichte...

Wir waren also im Park. Ich hatte mich gerade verletzt und habe darüber geweint, und es wäre schön, wenn mein Vater mich in den Arm genommen, mir die Tränen abgewischt und mich getröstet hätte. Ich kann nur annehmen, dass es meinem Vater peinlich war, dass ich weinte, und dass dies negative Aufmerksamkeit auf unsere Situation lenkte. Wahrscheinlich hatte er auch getrunken. Als ich weinend am Boden lag, hat er mich aus Verlegenheit und Frustration getreten, um mich zu beschämen. Ein 3-jähriges Kind!

Es ist wirklich egal, wie hart er mich trat oder welche Worte er genau benutzte, um mich zu beschämen; allein die Erfahrung genügte meinem zarten dreijährigen Herzen, um eine Narbe in meinem

Unterbewusstsein für die nächsten 50 Lebensjahre zu hinterlassen. Und es ist unmöglich zu sagen, wie viele andere Erfahrungen des Missbrauchs in jenen Tagen in meinem Unterbewusstsein gespeichert worden sind. Unsere Mutter erzählte uns schaurige Geschichten über seine Wutausbrüche, wenn er betrunken war.

Aber wie gesagt, ich hatte keine bewusste Erinnerung an diese Erlebnisse, das hat mir meine Schwester als Erwachsene erzählt. Erst in einem Seelsorgegespräch, als ich 57 Jahre alt war, hat mir der Heilige Geist das offenbart. Diese Geschichte hat ein wunderschönes Ende, das ich in einem späteren Kapitel verraten werde, aber jetzt erklärt es nur, wie die Scham in so jungen Jahren in mein Leben kam und fast jede einzelne Beziehung in meinem Leben beeinflusste.

Vor allem hatte sie einen Einfluss auf meine Beziehung zu mir selbst, als ich älter wurde, und gab mir das Gefühl, dass ich mein Bedürfnis nach Trost unterdrücken müsste. Aus Angst, dafür bestraft zu werden, erlaubte ich mir nicht, negative Gefühle auszudrücken. Als ich älter wurde, unterdrückte ich meine eigenen Bedürfnisse und versuchte nur, die Bedürfnisse anderer zu erfüllen. Das ist eine sehr häufige Reaktion auf das Leben mit einem missbrauchenden, alkoholabhängigen Elternteil und wird als Co-Abhängigkeit bezeichnet.

Sicherlich ein extremes Beispiel dafür, wie Scham in unser Leben eindringt, aber weiter verbreitet, als wir denken. Die meisten Eltern sind sich gar nicht bewusst, dass das, was sie tun, missbräuchlich ist, weil sie selbst als Kinder so behandelt wurden. Es ist einfach ein grausames Muster, das sich von Generation zu Generation überträgt, und es ist so alltäglich, dass wir gar nicht darüber nachdenken.

Mein leiblicher Vater hatte keinen guten Einfluss auf mich. Er war Alkoholiker und Narzisst. Wenn er betrunken war, war er einfach nur gemein. Der einzige *"Rat"*, den er mir gab, bestand darin, mir zu erklären, wie man Frauen manipuliert, um Sex zu bekommen. Ich glaube, ich war damals 15 Jahre alt. Ja, großer Einfluss.

Ich habe meine erwachsenen Kinder ermahnt, sich der zunehmenden Täuschung in der Welt und sogar in unseren Kirchen bewusst zu sein und in allem, was sie betrifft, nach der Wahrheit zu suchen. Hören Sie auf Ihre innere Stimme und suchen Sie weitere Informationen zu diesem Thema, wenn Sie ein ungutes Gefühl haben.

Die Bibel ist die größte Quelle der Wahrheit, die es gibt, und sie enthält sehr praktische, alltägliche Lebensweisheiten. In 1. Petrus 1,18 steht, dass Gott uns von der leeren Lebensweise erlösen kann, die wir von unseren Vorfahren geerbt haben. Das ist die gute Nachricht.

Abschließend möchte ich noch eine Bemerkung zur Macht der Scham machen. Ich habe von unserer menschlichen Schwäche gesprochen, von unseren ungesunden Neigungen, von unserer grundsätzlichen Unwissenheit über alle Dinge und von unserem Bedürfnis zu lernen und die Wahrheit in allen Dingen zu suchen. Leider erfordert es Anstrengung und Mut, sich unseren Schwächen und Ängsten zu stellen. Viele von uns neigen dazu, andere für unser Fehlverhalten verantwortlich zu machen, damit wir uns nicht mit unseren eigenen Fehlern auseinandersetzen müssen.

Ich möchte Sie kurz auf eine Frau namens Brene' Brown aufmerksam machen. Vor einigen Jahren lernte ich ihre Arbeit kennen und war sehr beeindruckt. Sie hat sehr viel Zeit mit der Erforschung der Auswirkungen von Scham, mit Interviews und der Beratung von Menschen verbracht.

Sie ist eine ausgezeichnete Quelle, wenn man sich mit diesem Thema beschäftigen möchte. Für sie und ihren Wunsch, Menschen bei der Heilung zu helfen, habe ich großen Respekt und Hochachtung. Sie hat großartige Bücher und tolle Videos auf YouTube. Ich kann nur einen Laien-Einblick geben und was ich gelernt habe, geschah aus der Not heraus und von Gott geschenkt.

KAPITEL 4

UNSERE REAKTION AUF SCHMERZ

Gott hat uns alle mit unterschiedlichen Persönlichkeiten ausgestattet, mit unterschiedlichen Stärken und Schwächen. Mir gefällt die Tatsache, dass Gott in Psalm 139 sagt, dass er es ist, der uns im Mutterleib geformt und durch seine Weisheit unser Innerstes geschaffen hat. Er hat einen Grund und einen Plan für jeden, der geboren wurde, und er stattet uns von Geburt an mit den Fähigkeiten und der Persönlichkeit aus, die für die Erfüllung unserer Aufgabe notwendig sind.

Es gab eine Zeit, in der ich die Tatsache verachtete, dass ich eine melancholische Persönlichkeit hatte und dass ich auf bestimmte Dinge so empfindlich reagierte. Als ich klein war, hatte ich eine ziemlich normale Kindheit. In meinem Unterbewusstsein hatte ich Traumata erlebt, die mein Leben beeinflusst hatten. Meine ältere Schwester

Rhonda und ich spielten viel zusammen, und sie lehrte mich viele Dinge, auch das Kämpfen.

Meine Mutter hat mir erzählt, dass Rhonda für mich gesprochen hat, als wir noch klein waren - lol. Einen kleinen Bruder zu haben, den sie kontrollieren und herumkommandieren konnte, hat ihr wohl gefallen. Meine Mutter sagte ihr schließlich, sie solle mich für mich selbst sprechen lassen, Gott sei Dank. Aber ich hatte kein Problem damit, mich in den Hintergrund zu stellen, die Anweisungen der anderen zu befolgen und einfach mitzumachen. Meine Cousins und Cousinen waren alle ein paar Jahre älter als ich, und so habe ich mich oft an sie gehalten und das getan, was sie mir gesagt haben.

Meine entspannte, passive Rolle als jüngerer Bruder und jüngerer Cousin war für mich viele Jahre bequem. Aber als ich in die Grundschule kam, musste ich schließlich auf eigenen Füßen stehen. In der ersten Klasse musste ich eines Tages dringend auf die Toilette. Wenn jemand gehen muss, soll er *"die Hand heben"*, sagte unser Lehrer. Jedes Mal, wenn ich die Hand hob, kam mir jemand zuvor, so dass meine Augäpfel schwammen, als ich endlich an der Reihe war, lol.

Als ich dann die Tür hinter mir geschlossen hatte, konnte ich es einfach nicht mehr halten und habe mir in die Hose gemacht! Ich fing an zu weinen und die ganze Klasse wusste es. Das lag nur daran, dass ich die Letzte war, die sich für ihre Bedürfnisse eingesetzt hatte. Das ist ein lustiges Beispiel dafür, wie schüchtern ich war, aber es gab so viele Momente, in denen ich nicht bereit war, für meine Rechte oder für meine Bedürfnisse einzutreten. Aus welchen Gründen auch immer, die meiste Zeit meines Lebens hatte ich das Gefühl, dass andere Menschen ein Recht darauf haben, dass ihre Bedürfnisse vor meinen Bedürfnissen erfüllt werden.

Meine Mutter ließ sich von meinem Vater scheiden, als ich vier Jahre alt war. Aber er kam uns Kinder gelegentlich besuchen, wenn er Lust hatte. An dem Abend, an dem ich meinen Abschluss machte, führte er mich zum Essen aus und zwischen seinen Gesprächen mit der Kellnerin gab er mir eine Aufgabe, die mir nicht zustand. Er sagte: *"Da ich nicht mehr da bin, musst du für mich auf deine Schwestern aufpassen."* Ich dachte sofort: *"Aber das ist doch deine Aufgabe."*

Das ist ein klassisches Beispiel für das Abwälzen der Verantwortung von Narzissten und Alkoholikern auf andere. Ich habe Familien gesehen, in denen das Kind reifer ist als der Erwachsene. Das ist emotionaler und geistiger Missbrauch eines Kindes. Es gibt eine Grenze zwischen Menschen zu helfen und Menschen vor ihrer eigenen Verantwortung zu retten, selbst wenn ich wusste, dass es falsch war. Menschen müssen die Verantwortung für ihr eigenes Leben tragen, und wenn wir sie retten, verhindern wir, dass sie sich entwickeln.

Aufgrund ihrer Häufigkeit ist die Beziehung zwischen dem Narzissten und dem Co-Abhängigen gut erforscht. Narzissmus entwickelt sich rasch zur schlimmsten Epidemie des 21. Jahrhunderts: Der Aufstieg der Technologie, das Kreditsystem für den Erwerb von Gütern und der extravagante Luxus, den wir täglich genießen, haben unsere Beziehungen ruiniert. Wir sind verwöhnter, anspruchsvoller, ungeduldiger und egoistischer geworden als je zuvor in der Geschichte.

Siri und Google haben die Eltern ersetzt, unsere Kinder brauchen sie nicht mehr. YouTube und TikTok bringen unseren Kindern heute bei, was populär ist, mit der Folge einer Erosion unserer grundlegenden Moral und menschlichen Güte. Facebook hat uns dazu ermutigt, Menschen aus der Ferne lächerlich zu machen und zu beschämen, und das ist der Grund, warum wir die Konsequenzen für unser schlechtes Benehmen nicht zu spüren bekommen.

Als ich ein Kind war, gingen wir nach der Schule alle nach draußen, um Sport zu treiben, miteinander in Kontakt zu kommen und zu lernen, wie man miteinander auskommt. Heute ist es so, dass die Kinder in den sozialen Medien sagen können, was sie wollen, ohne dass es Konsequenzen hat. Soziale Verantwortung gibt es nicht mehr, deshalb sind Zurechtweisungen und Korrekturen für unsere Kinder selten geworden. Solange ein paar Leute ihre Beiträge *"liken"*, gehen sie davon aus, dass ihre Meinung richtig ist.

Diese Dinge haben dazu beigetragen, dass eine selbstverliebte *"Schau mich an"*-Mentalität entstanden ist, die die gesamte Atmosphäre in den öffentlichen Schulen, an den Universitäten und sogar in unseren Kirchen verändert hat. Das ist purer Narzissmus! Es ist eine *"Ich zuerst"*-Haltung, die sich nur um sich selbst kümmert. Sie ist egoistisch und manipulativ und zerstört die gebende Natur netter Menschen.

Diese Narzissten, die wissen, dass sie jahrelang missbraucht werden, suchen sich nette Menschen, die ihre Bedürfnisse befriedigen. Ich war jahrelang mit Narzissten in meinem Leben zusammen, bis ich es satt hatte und mich ihnen gestellt habe.

Als ich einer Freundin zuhörte, wie sie von ihrer Familie missbraucht wurde, wurde mir klar, dass sie als Kind nicht einmal sprechen durfte. Sie durfte sich den Wünschen ihrer Eltern nicht widersetzen, auch wenn diese sie misshandelten. Die Erwachsenen in ihrem Leben haben ihr immer wieder Grenzen aufgezeigt. Um zu überleben, musste sie eine Abwehrmauer um ihr Herz bauen. Das Vertrauen in Menschen und der Glaube daran, dass jemand wirklich gute Absichten mit ihr hat, ist für sie sehr schwierig.

Um zu vermeiden, dass ihre Familie sie dafür beschämte, ein normales Kind mit normalen Gefühlen zu sein, musste sie ihr emotionales Selbst ausblenden und eine falsche *"glückliche Maske"* aufsetzen. Nach außen hin war sie glücklich, aber in ihrem Inneren war sie voller Wut, Scham und Neid. So schlimm scheint meine Erfahrung im Vergleich nicht zu sein.

Als Teenager und junger Erwachsener sehnte ich mich nach einer Freundin. Aber ich war etwas schüchtern, obwohl ich auf Frauen anziehend wirkte. Weil ich als Kind keine richtige Bindung zu meinem Vater hatte, war ich einfach emotional verkrüppelt. Psychologen werden Ihnen sagen, dass es die Beziehung zum Vater ist, die dem Kind das richtige Gefühl von Vertrauen gibt. Tut mir leid, meine Damen, aber Gott hat es so gewollt. Aber es ist die Mutter, von der das Kind die emotionale und soziale Bindung lernt.

Wenn man als Kind tief in seinen Gefühlen verletzt wird, dann hört man im wahrsten Sinne des Wortes auf, sich emotional zu entwickeln, bis die Blockade gelöst ist, bis die Wunde geheilt ist. Narzissten sind fast nie in der Lage, die Verantwortung für ihr Versagen zu übernehmen, und sind gezwungen, zu leugnen, was sie tun, oder andere dafür verantwortlich zu machen. Es gibt keinen Weg zur Heilung eines Traumas, wenn man nie die Verantwortung für die Suche nach Heilung übernimmt, wenn man einfach in einem permanenten Zustand des Opferseins verharrt und anderen Menschen die Schuld für seinen Schmerz gibt.

Wir Menschen neigen dazu, traumatisiert zunächst defensiv zu reagieren. Unser Stolz, unsere Scham, unsere Gefühle von Angst und Ablehnung kommen ins Spiel und machen es sehr schwer, einen Konflikt zu lösen. Es braucht zwei offene, demütige Menschen, um Konflikte zu lösen. Wir müssen unsere Unsicherheiten hinter uns lassen und uns auf das gemeinsame Ziel konzentrieren, zusammenzuhalten und zusammenzuarbeiten, um eine gesunde Lösung zu finden.

Paare können Konflikte nicht lösen, wenn sie sich nicht sicher genug fühlen, über Dinge zu sprechen, ohne in die Defensive zu geraten. Die Forschung hat gezeigt, dass Paare eine stärkere Bindung entwickeln, wenn sie Konflikte gemeinsam lösen. Unsere grundlegenden menschlichen Ängste können ein Hindernis für den Wachstumsprozess sein, weil wir Angst davor haben, unsere Gefühle miteinander zu teilen.

Wir sind geschaffen für die Verbindung mit anderen Menschen, für das Bedürfnis nach deren Unterstützung und nach dem Angebot alternativer Perspektiven auf uns selbst. Wir alle haben blinde Flecken, genau wie beim Autofahren. Wir haben unsere Stärken und unsere Schwächen, und in der Regel fühlen wir uns zu den Menschen hingezogen, die dort stark sind, wo wir schwach sind - und umgekehrt. Wir brauchen einander. Darum sagt Gott, dass es nicht gut ist für den Menschen, allein zu sein.

Es ist unsere Scham, die uns in die Isolation treibt. Aus Angst vor Blamage wollen wir nicht um Hilfe bitten, auch dann nicht, wenn wir es am Nötigsten hätten. Das ist das Schlimmste an der menschlichen Natur: Wir verstecken uns vor den Menschen, wenn wir sie am meisten brauchen.

Was tun also viele Menschen, wenn sie sich verletzt, zurückgewiesen und einsam fühlen, sich aber nicht sicher genug fühlen, um Hilfe in Anspruch zu nehmen? Alle möglichen Bewältigungsstrategien, von übermäßigem Essen bis hin zu Drogen, Promiskuität, Netflixkonsum, Trinken - im Grunde alles, um uns von unseren Gefühlen abzulenken.

Wenn ich jung war und mich über etwas geärgert habe, habe ich mir meinen Basketball geschnappt und für eine lange Zeit Körbe geworfen. Das habe ich mein ganzes Leben lang gemacht. Wenn ich wütend war, habe ich Körbe geworfen. Deshalb habe ich in meinem Alter noch so einen guten Wurf. Lol. Sport ist eine gute Möglichkeit, sich zu beruhigen, wenn man wütend ist. Als studierte Sportwissenschaftlerin weiß ich, dass Sport eine der besten Möglichkeiten ist, Stress abzubauen.

Emotionaler Stress regt unsere *"Kampf-oder-Flucht"*-Adrenalinreaktion an, und Sport verbrennt das überschüssige Adrenalin. Hat sich der Körper vom überschüssigen Adrenalin erholt, können wir uns genug beruhigen, um über den Stressor nachzudenken. Um mich von einer akuten Stressreaktion zu erholen, gehe ich am liebsten joggen, spiele Basketball oder - was am befriedigendsten ist - schlage ein paar Baseballs. Ich tue so, als wäre der Baseball mein Problem, und schlage ihn zu Brei. Das ist sehr befriedigend und eine gesündere Art, sich zu beruhigen.

Aber die häufigste Reaktion auf den Schmerz, den wir im Leben empfinden, ist, zu versuchen, von diesem Schmerz abzulenken. Vielleicht müssten wir nicht so viel und so lange leiden, wenn wir uns erlauben würden, über unseren Schmerz zu sprechen, ohne Angst vor Ablehnung. Eine weitere grausame Ironie ist, dass wir uns aus Angst vor weiterer Ablehnung nur schwer anderen öffnen können, wenn wir verletzt wurden. Als ich in der Kirche nicht die Hilfe fand, die ich brauchte, wurde ich in verschiedenen Selbsthilfegruppen von Menschen, die Verluste erlitten hatten, mitfühlend aufgenommen.

Was wäre, wenn es eine Person gibt, die so liebevoll, fürsorglich und mitfühlend ist, dass wir ihr alles sagen können? Wäre das nicht schön? Wussten Sie, dass Jesus in den 33 Jahren, die er auf Erden lebte, all unseren Schmerz ertragen hat?

"Denn wir haben nicht einen Hohenpriester, der nicht könnte mitfühlen mit unsern Schwachheiten, sondern der in allem versucht worden ist wie wir..." Hebräer 4,15

Es ist ein Segen, dass ich schon in jungen Jahren eine Beziehung zu Jesus gefunden habe, aber ich habe ihn viele Jahre lang falsch verstanden. Manchmal wird uns von den Leuten in der Kirche der Eindruck vermittelt, dass Gott ein böser Kerl mit einer Rute ist, der jeden verprügeln will, der aus der Reihe tanzt. Das könnte nicht weiter von der Wahrheit entfernt sein, habe ich entdeckt. Ich habe entdeckt, dass Gott uns dann am nächsten ist, wenn wir ihn am meisten brauchen.

"Die große Liebe des Herrn lässt uns nicht vergehen, denn seine Barmherzigkeit währt ewig. Sie ist neu alle Morgen; groß ist deine Treue."
Klagelieder 3,22

KAPITEL 5

DAS SENSIBLE KIND

Meine Mutter war alleinerziehend mit drei Kindern, von denen eines neugeboren war, als sie 25 Jahre alt war. Aufgrund der Misshandlungen, die sie von meinem Vater erfahren hatte, traf sie die weise Entscheidung, sich von ihm scheiden zu lassen, um uns zu schützen. Schließlich heiratete sie wieder einen älteren Mann, der selbst schon erwachsene Kinder hatte und schnell beschloss, dass er in seinem Alter nicht noch einmal für kleine Kinder sorgen wollte. Nach einem Jahr ließen sie sich scheiden.

Dann heiratete sie den Mann, der zu der Vaterfigur wurde, an die ich mich am meisten erinnere. Don war 13 Jahre lang mein Stiefvater - von meinem 9. bis zu meinem 22. Lebensjahr - er trank nur selten, hatte einen guten Job als Ingenieur und kam jeden Abend nach der

Arbeit nach Hause. Verglichen mit den beiden Männern in ihrem Leben war das ein ziemlich guter Start.

Bald zogen wir aus unserer Zweizimmerwohnung aus und fanden ein Haus am anderen Ende der Stadt, in einer besseren Gegend, wo es viele Gleichaltrige gab. Im Sommer vor der fünften Klasse brachten mir meine neuen Freunde alle möglichen Sportarten bei: Fußball, Basketball, Baseball, Golf und sogar Bowling. Es war eine tolle Zeit, Mitte der 70er Jahre ein Kind zu sein. Man konnte die ganze Zeit draußen spielen und Freunde finden. Ich freute mich darauf, nach der Schule und samstags nach draußen zu gehen und mit meinen neuen Freunden zu spielen.

Aber mein Stiefvater hatte andere Pläne für mich. In unserem Haus gab es viel zu renovieren und zu reparieren, und so fing mein Stiefvater an den Wochenenden immer mit irgendeinem Projekt an. Statt mit meinen Freunden spielen zu können, zwang Don mich, ihm bei vielen Hausarbeiten zu helfen. Statt mit meinen Freunden Fußball oder Basketball zu spielen, musste ich für ihn schleifen, kratzen, graben und Werkzeuge holen.

Don sprach während der Arbeit kaum mit mir. Ich musste nur warten und ihm Werkzeug holen, wenn er es brauchte. Er brachte mir nichts verbal bei, ich musste nur beobachten, was er tat. Das war eine Qual für mich.

Bis ich mit 15 Jahren einen bezahlten Job in der chinesischen Küche bekam, war das meine normale Wochenendbeschäftigung. Rückblickend kann ich sagen, dass ich dabei gelernt habe, wie man mit elektrischen Werkzeugen umgeht, wie man kreativ denkt und wie man eine Arbeit auf Anhieb richtig macht, was mir als Erwachsener sehr geholfen hat. Don war manchmal ungeduldig mit mir und hatte manchmal unrealistische Erwartungen an mich. Aber er hat mir gezeigt, wie man arbeitet, und das hat mir sehr geholfen.

Eines Tages hatte er eine selbstgemachte Werkbank gebaut und versuchte, die Beine in einem Stück zu fräsen. Meine Aufgabe war es, 4 x 1 x 4-Hölzer zusammen zu halten, so dass er sie alle auf einmal schneiden konnte. Da meine Hände zu klein waren, um die Teile zusammenzuhalten, rutschten sie mir aus der Hand, als er mit dem Schneiden begann.

Er hätte eine Klammer benutzen sollen, um die Stücke zusammen zu halten, aber statt dessen schimpfte er mit mir und brachte mich in Verlegenheit, weil ich nicht in der Lage war, die Arbeit zu erledigen. Ich war erst 11 Jahre alt! Er hätte wissen müssen, dass das nichts wird. Zu sehen, wie er in meinen Arsch kriechte, hat mich zu Tode erschreckt und wahrscheinlich meine unbewussten Erinnerungen an die Alkoholexzesse meines richtigen Vaters geweckt.

Diese Episode war der Auslöser für meine Angst vor dem Versagen in allem, als ich älter wurde. Sie löste in mir eine Schamreaktion aus, die mir sagte, dass mein Bestes nie gut genug sein würde. Ich begann, mich vor ihm zu fürchten, um es vorsichtig auszudrücken, und fing an, darüber nachzudenken, ob alle Männer missbrauchen würden.

Ein anderes Mal wurden wir zum Abendessen gerufen, als ich vielleicht 15 Jahre alt war. Ich war auf der Toilette und setzte mich als Letzte. Don sagte: *Geh und wasche deine Hände, junger Mann!* Ich sagte in einem abwehrenden Ton: *Das habe ich gerade getan!*

Daraufhin nannte er mich einen Lügner, holte seinen Gürtel heraus und fing an, mich vor den Augen der anderen zu peitschen, bis er von meiner Mutter gestoppt wurde. Sie war empört über sein Verhalten und es kam zu einem heftigen Streit vor uns Kindern. Meine Schwestern rannten in ihr Zimmer, setzten sich auf die Bettkante, hielten sich fest und weinten. Aber wer jetzt denkt, dass es mir schlimmer erging als meinen Schwestern, der irrt.

Jahre später erzählten mir meine beiden Schwestern, dass er manchmal versucht habe, sie zu verführen. Warum Gott zulässt, dass unschuldigen Kindern so etwas Böses widerfährt, habe ich mich oft gefragt. Meiner Meinung nach hat das etwas mit unserem freien Willen als Menschen zu tun. Ich weiß, dass Gott viele Dinge verhindert, aber manchmal lässt er es zu, dass wir von dem Bösen in Mitleidenschaft gezogen werden.

Während meines Studiums arbeitete ich in einem Wohnmobilhandel unter einem guten, gottesfürchtigen Mann, der mir eines Tages eine wertvolle Lektion erteilte. Eines Nachts um 2 Uhr rief mich der Sohn meines Chefs, Bryan, an. Er sagte mir, dass ich auf der Arbeit gebraucht würde. Natürlich dachte ich, er würde mir einen Streich spielen, also lachte ich sarkastisch.

Er sagte: *"Wir hatten hier draußen einen Sturm und ein großer Teil unseres Netzes ist beschädigt."* Ich sagte: *"Ich bin gleich da"*. Es hatte einen kleinen Tornado gegeben, der von riesigen Hagelkörnern begleitet wurde. Diese zerschlugen die Dachluken und Fenster von fast allen Wohnmobilen, die wir hatten.

Nachdem wir an jenem Morgen von 2 Uhr bis 10 Uhr gearbeitet hatten, um zu reparieren, was wir konnten, und den Rest abzudecken, sagte mein Chef etwas, das ich nie vergessen werde: *"Nun, ich glaube, es ist zu spät zum Beten, alles, was wir jetzt tun können, ist Danken."*

Das Erste, was mir in den Sinn kam, war: *"Danke? Wofür denn? Man hat Sie gerade aus dem Geschäft gedrängt!"* Wir waren nicht wirklich pleite, aber es fühlte sich in dem Moment so an. Beim Nachdenken über seine Worte wurde mir langsam klar, was er meinte.

Er hatte Recht, es war zu spät, um den Schaden zu verhindern, aber fast alles kann repariert oder ersetzt werden. Es mag sein, dass auch wir nicht verhindern konnten, dass Teile unseres Lebens durch die Stürme zerstört wurden, aber Gott ist in der Lage, die zerbrochenen Teile unseres Lebens zu nehmen und uns wie neu wieder aufzubauen, wenn wir ihn nur in unser Leben lassen und ihn um Hilfe bitten. Sogar unsere Gefühle und Erinnerungen können repariert oder ersetzt werden.

Im Sommer vor meinem achten Schuljahr begannen wir ein dreimonatiges Projekt, um unseren alten Zaun abzureißen und einen neuen zu bauen. Wir hätten in ein paar Wochen einen neuen Lattenzaun bauen können, aber mein Stiefvater wollte einen Zaun aus Aschebrocken bauen, die er von dem berühmten Tornado der Stärke 5 gerettet hatte, der 1970 in Lubbock gewütet hatte.

Es dauerte buchstäblich den ganzen Sommer. Wir arbeiteten an den Wochenenden, um den Zaun fertigzustellen. Mein Stiefvater ließ uns in diesem Sommer nicht in die Kirche gehen, so sehr meine Mutter auch versuchte, ihn zur Vernunft zu bringen. Er ging sowieso nie mit uns in die Kirche, es sei denn, seine Mutter kam uns besuchen, und dann waren wir plötzlich Mitglieder der Church of Christ.

Für mich war es zu der Zeit sehr komisch, wie sehr er Angst vor seiner Mutter hatte. Er wollte nicht, dass seine Mutter ihn beschämt, wenn sie wüsste, dass er nicht in die Kirche geht. Ich war froh, dass meine Mutter immer mit uns in die Kirche ging, um von der Liebe Gottes und von Jesus zu hören. Dieser Sommer forderte seinen Tribut von mir, denn mein Stiefvater war manchmal verbal sehr ausfallend und verlangte viel von einem Mädchen, das erst 13 Jahre alt war.

Meine Highschool-Zeit hatte ihre Höhen und Tiefen. Ich wurde der wichtigste Pitcher unseres Baseballteams und schaffte es mit einer Bilanz von 6:1 als Starter ins All-Star-Team. Außerdem habe ich den Titel in der Batting League gewonnen - mit einem Schlagdurchschnitt von .471. Ich hatte ein ganzes Regal voller Pokale. Durch das Training mit meinem älteren Cousin Rodney wurde ich ein guter Pitcher. Er war wirklich gut. Ich wurde immer besser, je mehr ich versuchte, mit ihm mitzuhalten. Es war auch ein traumhaftes Erlebnis, ein Spiel zu gewinnen: Die Bases waren besetzt, es gab zwei Outs, ein Run lag zurück und ich schlug ein Double zum Sieg. Zwei Meter weiter und es wäre ein Grand Slam gewesen!

In der 7. Klasse wurden mein bester Freund Terry und ich als Catcher in unser YFL-Team gewählt. Ich fing alles, was mir zugeworfen wurde, als wir uns für diese Position bewarben. Terry und ich hatten stundenlang geübt, wie man fängt, also waren wir ziemlich gut.

Nach dem Probetraining wurde das Team versammelt, aber der Coach bat mich, einen Pass in die Tiefe zu werfen. Er warf mir einen Pass über 40 Meter zu, und ich streckte mich, um den Ball zu fangen. Er sagte erstaunt: *"Mann, der Junge hat Hände!"* Von da an nannte mich mein Quarterback Mike *"Hände"*. Das waren die guten Zeiten.

In der 8. Klasse, nachdem ich den Sommer über den Zaun gebaut und die Kirche geschwänzt hatte, ging ich eines Abends nach dem Essen ins Wohnzimmer. Ich schaltete den Fernseher ein, setzte mich auf die Couch und begann leise zu schluchzen. Meine Mutter kam herein und fragte mich, was los sei, und alles, was ich sagen konnte, war: "Ich weiß es nicht". 13-jährige Jungen können Gefühle haben, ohne sie benennen zu können.

An vielen Morgen in diesem Jahr hatte ich Angst, zur Schule zu kommen, weil ich mich vor unserem Fußballlehrer aus der 8. Klasse fürchten musste, der hart und einschüchternd war und uns drohte, uns *"an die Wand zu stellen"*, wenn wir in seiner Klasse Fehler machten.

Die meisten von uns wussten, dass er das nur übertrieben hatte, damit wir alle wussten, dass er der Boss war, aber wegen meiner Vergangenheit mit Männern hat mich das zu Tode erschreckt! Es gab Tage, an denen ich buchstäblich krank wurde vor Angst. Ich musste diesen Kerl im Unterricht und beim Fußball sehen. Das waren schlimme Tage für mich.

Eines Tages ging meine Mutter mit mir wegen meiner Ängste zum Schulberater. Er war ein guter Mann und gab mir ein paar Tipps, wie ich noch ein paar Tage durchhalten könnte. Aber er kratzte nur an der Oberfläche der tiefen Probleme, die in meinem Herzen steckten. Gott musste eingreifen, um mich aus dem Teufelskreis der Angst zu befreien, und so ließ er es zu, dass ich mich eines Tages beim Fußballtraining schwer am Rücken verletzte, und plötzlich war ich raus aus dem Fußball und weg von diesem Trainer.

Es hat funktioniert! Meine Angst, zur Schule zu gehen, war plötzlich weg. Gott hatte mir versprochen, einen Weg zu finden, um dem Druck standzuhalten, und ich war dankbar, dass er das für mich tat. Aber ich vermisste das Fußballspielen.

Aber ich war nicht geheilt. Auch wenn Gott mich aus dieser Situation befreit hat, gab es später noch andere Situationen. In der 8. Klasse zum Beispiel mussten wir im Englischunterricht ein mündliches Referat halten. Davor hatte ich immer große Angst. Sobald wir einen mündlichen Bericht abgeben mussten, ging der Kreislauf von Angst und Scham von vorne los und ich quälte mich wochenlang, wenn ich nur daran dachte.

Diesmal ging es mir ganz gut, bis einer meiner *"Freunde"* beschloss, sich mitten in meinem Vortrag über mich lustig zu machen. Ich wurde von meinen Gefühlen überwältigt und musste mich auf den Stuhl setzen, weil ich wieder anfing zu schluchzen. Mein Lehrer hat ihn zurechtgewiesen und ich hatte mich bald wieder im Griff, aber der Schaden für meinen Ruf war groß.

Der Vorfall verbreitete sich schnell in der Schule und ich wurde als das *"sensible Kind"* bekannt. Wie peinlich... wenn die Mitschüler einen in der Schule als *"sensibles Kind"* bezeichnen! Es gab nur eine Person, die mich je darauf ansprach, also war ich froh, dass ich nicht wegen meines Weinens gehänselt wurde. Die Kinder waren so nett, mich nie dafür zu beschämen.

Ich fragte mich, warum ich so empfindlich auf solche Dinge reagierte. Jetzt, im Rückblick, frage ich mich, wie ich diese harten Tage überlebt habe. Vielleicht hat mir geholfen, dass ich ein gutes Kind war. Da ich ein guter Sportler war, hatte ich leicht männliche Freunde. Ich konnte auch gut zuhören und über die Witze der anderen lachen. Das ist ein guter Weg, damit die Leute einen mögen. Das Betreiben aller Arten von Sport half mir auch über diese Zeit hinweg, weil es mir ein gewisses Maß an Selbstvertrauen gab, das ich zu dieser Zeit wirklich brauchte.

Als ich ins Gymnasium kam, bemerkte ich die hübschen Mädchen um mich herum, und ehrlich gesagt, sie mich auch. Ich war ruhig und schüchtern, aber auch sanft und freundlich. Zu der Zeit, als ich in der Junior High war, hat einer meiner Lehrer eine sehr nette Bemerkung auf mein Zeugnis geschrieben: *"Coby ist freundlich und sympathisch und es ist eine Freude, in der Klasse zu sein."*

Das war so nett von einem Mann, in Anbetracht der Erfahrungen, die ich mit anderen Männern gemacht habe. Dieses Kompliment schmeichelte mir so sehr, dass ich im Wörterbuch nachschlagen musste, um die Definition von *"sympathisch"* zu finden. Der Herr hat mich in der Schule mit einigen guten männlichen Lehrern gesegnet, und das hat mir geholfen, nicht alle Männer als missbräuchlich einzustufen. Ich bin froh, dass der Herr mir in diesen Jahren Erfolg in bestimmten Dingen geschenkt hat, aber es gab auch die verborgenen Seiten meines Herzens, die bald zum Vorschein kommen sollten.

KAPITEL 6

SPIRITUELLES ERWACHEN

Im Sommer vor meinem ersten Schuljahr hatte ich die Möglichkeit, mit meiner Gemeinde zu einem Zeltlager aufzubrechen. Kerrville, Texas, war ein wunderschöner Ort, und es sollte eine Woche werden, die mein Leben verändern sollte. Als ich 10 Jahre alt war, hatte ich Jesus in mein Herz eingeladen, aber ich hatte keine Ahnung, wer er wirklich war. Vorher hatte ich mich nur schuldig gefühlt, weil ich kein besserer Mensch war. Aber das Sommercamp hatte so viel Spaß: Sport, Schwimmen, Singen, das Anschauen von hübschen Mädchen und natürlich die Treffen am Abend.

Unsere Gemeinde, die Trinity Church in Lubbock, ist seit ihrer Gründung eine rein evangelikale Gemeinde und wir wurden mit Lehren über die Rolle des Heiligen Geistes im christlichen Leben konfrontiert.

Ich hatte schon einige Leute in den Gottesdiensten in Zungen reden hören, so dass ich mich überhaupt nicht davor fürchtete, sondern sogar sehr daran interessiert war, mehr darüber zu erfahren.

Auf dem Weg zum Gottesdienst am Mittwochabend sprach mich einer der Pastoren des Lagers an und fragte mich, wie es mir mit meinem Leben als Christ ginge. Zum Glück kam ein anderer Junge auf mich zu und fing ein Gespräch mit mir an. Ich hatte Angst zuzugeben, dass ich nicht viel über meinen christlichen Glauben wusste, außer dass ich mich richtig verhalten sollte. Das sollte sich ändern.

In der Abendmesse am Mittwoch fragte Pastor Paul, ob jemand die Taufe im Heiligen Geist empfangen wolle. Da ich in der ersten Reihe saß, war ich der Erste. An diesem Abend beteten einige von uns, um den Heiligen Geist getauft zu bekommen. Die nächsten Stunden veränderten mein Leben! Mann, ich habe Tränen in den Augen, wenn ich das schreibe.

Wir begannen mit der Anbetung des Herrn, dann wurden uns von den Pastoren die Hände auf den Kopf gelegt, um den Heiligen Geist zu empfangen, wie es in der Heiligen Schrift beschrieben ist. Schon bald spürte ich die unglaubliche Gegenwart Gottes, die sich wie eine warme Dusche über mich ergoss. Ich sprach ein paar seltsame Worte, die für mich wie Chinesisch klangen, aber die Gegenwart der reinen Liebe Gottes war die wirkliche Veränderung.

Nie zuvor hatte ich so viel Liebe und Annahme in meinem Herzen und in meinem Geist gespürt. Durch die Gegenwart des Heiligen Geistes in mir wurde mein menschlicher Verstand lebendig. Plötzlich fühlte ich mich zum ersten Mal in meinem Leben wirklich lebendig! Ich spürte die Gegenwart Gottes, die Liebe zu den anderen, das Angenommensein von Gott. Ich hatte einen großen Durst, mehr von Gott zu erfahren.

Nie zuvor hatte ich außerhalb der Kirche meine Bibel aufgeschlagen, aber jetzt wollte ich alles über Jesus lesen, was ich konnte. Es war interessant, in Zungen zu reden, aber es war nichts im Vergleich zu dem Gefühl, die reine Liebe zu spüren, die aus der Gegenwart Gottes kommt! Das war die größte Euphorie, die ich jemals gekannt habe, ohne negative Nebenwirkungen! Ich habe nie Drogen genommen, falls Sie sich das fragen.

Umarmungen, Gebete, Gespräche und Freudentränen bestimmten den Rest der Nacht. Gott hat uns in dieser Nacht besucht, und für mich war es, als ob die neue Schöpfung, von der in 2. Korinther 5,17 geschrieben steht, begonnen hätte.

"Ist jemand nun in Christus, so ist er eine neue Schöpfung; das Alte ist vergangen, Neues ist geworden."

Viele von uns waren am Ende der Woche, als wir alle nach Hause zurückkehrten, wie verwandelt. Für mich war es der Beginn einer Hoffnung. Es war ein großartiges neues Gefühl, das Versprechen auf etwas Besseres in meinem Leben. Schon in der nächsten Woche wurde ich gefragt, ob ich als Betreuerin in unserem Camp für Grundschulkinder arbeiten wolle, und mein Chef war so nett, mich arbeiten zu lassen. Ich hatte die Verantwortung für ein halbes Dutzend der klügsten jungen Männer in unserer Gemeinde, und wir hatten eine Menge Spaß zusammen! Es fühlte sich gut an, im Dienst zu sein. In dieser Woche fühlte ich die Liebe und das Mitgefühl des Herrn für die Menschen, und der Herr gab mir Gnade unter den Jugendlichen.

In den nächsten Monaten begann ich, so viel wie möglich in der Bibel zu lesen. Auch mein Gebetsleben begann sich zu entwickeln. Wenn ich von der Schule nach Hause kam, kniete ich vor meinem Bett nieder und verbrachte Zeit mit dem Herrn, bis es Zeit war, zur Arbeit im Restaurant Chinese Kitchen zu gehen. Es war eine gute Zeit in meinem Leben, eine Zeit des Neuanfangs und neuer Perspektiven.

Eines Tages rief mich der Jugendleiter von Trinity an und fragte mich, ob ich in der Mittelstufe aushelfen wolle. Ich tat, was ich konnte, um zu helfen, und bekam sogar die Chance, eine kleine Bibelstunde für die Kinder zu halten. Es war toll, die Kinder kennen zu lernen. Aber für sie zu beten und ihnen zu dienen, war ein Segen für mich.

Zum ersten Mal in meinem Leben hatte ich das Gefühl, wirklich gewollt zu sein, gebraucht zu werden und Wertschätzung zu erfahren. Von Gott für seine Zwecke gebraucht zu werden, war die erfüllendste Erfahrung meines Lebens. Die Menschen um mich herum schauten zu mir auf, und ich wurde von den Kindern wirklich gemocht und geliebt.

Das Gebet, um das ich in dieser Zeit am meisten gebetet habe, war das Gebet um die Errettung meines Stiefvaters. Dass Don gerettet wird, Gottes Liebe erfährt und sich bei uns allen für die schrecklichen Dinge entschuldigt, die er uns angetan hat, war meine erste Priorität, mein Herzenswunsch Nummer eins. Ja, ich gebe zu, das war zum Teil altruistisch, zum Teil selbstlos. Ich war der Meinung, dass wir dann die glückliche Familie sein könnten, die ich mir immer gewünscht hatte. Leider war er ein sturer, emotional verschlossener Mann, der glaubte, die Kirche sei nur etwas für Frauen und Kinder.

Er wies mich jedes Mal zurück oder machte sich sogar über mich lustig, wenn ich versuchte, ihm vom Herrn zu erzählen. Ich betete weiter in der Hoffnung auf ein Wunder, denn es war mit Abstand der größte Wunsch meines Herzens, einmal in meinem Leben einen gottesfürchtigen Vater zu haben. Aber ein erwachsener Mann im Haushalt kann kein guter und liebevoller Vater sein, wie viele von uns wissen.

Als meine Tochter Macy fünf Jahre alt war, fragte sie mich: *"Papa, ist Gott so groß wie du?"* Ich antwortete lachend: *"Nein, Gott ist viel größer als ich!* Durch ihre Frage wurde ich daran erinnert, wie wichtig es für ein Kind ist, einen guten Vater zu haben, denn wir Väter repräsentieren Gott für unsere Kinder.

Vielleicht fällt es jemandem schwer, an Gott zu glauben, wenn er seinen Vater nie gekannt hat. Wenn jemand einen guten Vater hatte, kann es ihm leicht fallen, an Gott zu glauben, aber wenn jemand eine schlechte Erfahrung mit seinem Vater gemacht hat, kann es sein, dass er denkt, dass Gott ein böser, wütender, verurteilender Kerl ist, der sich nicht um ihn kümmert.

Mein Stiefvater hat mir eine Menge angetan, und das hat dazu geführt, dass ich manchmal eine Einstellung gegenüber dem Herrn hatte, die nicht angemessen war. Jedes Mal, wenn ich Don eine Frage stellte, ignorierte er mich in der Regel, so als hätte ich die Frage gar nicht gestellt. Damals verstand ich nicht, warum er mich ignorierte, aber jetzt verstehe ich es viel besser.

Die Art und Weise, wie er mich affizierte, war während der Zeiten, in denen ich mit dem Herrn im Gebet war. Manchmal war ich versucht zu denken, dass es selbstlos sei, für mich zu beten. Das Beten für die Nöte anderer war für mich leicht, aber das Beten für mich selbst war schwierig. In meinem Unterbewusstsein hatte ich das Gefühl, dass es nicht in Ordnung ist, Bedürfnisse zu haben. Oder schlimmer noch, dass ich Gottes Liebe vielleicht nicht so sehr verdiene wie andere. Ungelöste Konflikte wandern von einer Beziehung in die nächste, bis sie gelöst sind.

Ich weiß, dass viele von uns glauben, dass Gott andere Menschen mehr liebt als uns, sonst hätte er uns Eltern geschenkt, die uns genauso lieben wie unsere Freunde. Dass Gott mein Bedürfnis nach einem guten Vater nicht erfüllte, nahm ich ihm immer mehr übel. Zum Glück sah Gott über meinen Groll hinweg und arbeitete weiter an seinem Plan für mich.

Satan versuchte, mich zu verführen und zu täuschen, und die Beweise in meinem Leben schienen seine Theorie zu bestätigen. Ich kam zu der Überzeugung, dass nur gute Christen von Gott gesegnet würden und dass Gott in Wirklichkeit nur die *"schönen Menschen"* liebe. Ich fühlte mich wie ein Bürger zweiter Klasse, wenn ich mein Leben betrachtete, besonders wenn ich das Leben meiner Freunde betrachtete.

Viele meiner Freunde in der Kirche hatten tolle Eltern und ihre Väter gingen mit ihnen in die Kirche, aber ich wusste nicht, was für ein Segen das für mich persönlich war. Es war leicht zu glauben, dass Gott seine Lieblinge hatte und dass ich aus irgendeinem Grund nicht das verdiente, was meine Freunde hatten.

Ich habe mich für *"minderwertig"* gehalten und gedacht, dass ich mich einfach stärker bemühen muss, um ein guter Christ zu sein. Ich begann, eine Leistungsmentalität anzunehmen und versuchte, in der Hoffnung, dass Gott mich so lieben würde, wie er andere liebt, so viel Gutes zu tun, dass die Menschen mich lieben würden.

Das hört sich traurig an, aber davon haben mich die Erfahrungen meines Lebens überzeugt, und das ist das, was zahllose Menschen heute von Gott glauben. Vergleiche sind eine schreckliche Falle, in die man tappen kann. Er bringt nichts Gutes. Er gibt uns nur das Gefühl, besser oder schlechter als andere zu sein.

Wenn ich mich in der Kirche um die Kinder kümmerte, fühlte ich mich glücklich und von Gott geliebt. Aber wenn ich mit meiner Wut und meinem Groll kämpfte, fühlte ich mich sehr ungeliebt. Ich dachte: *"Solange ich mehr Gutes als Schlechtes tue, kann ich mir Gottes*

Liebe vielleicht erkaufen." Ich verspreche Ihnen, das ist die Denkweise von fast JEDEM, der heute in die Kirche geht. Sogar die meisten Pastoren sprechen heute mehr davon, *"gut zu sein"*, als davon, dass Jesus uns in seinen Augen bereits liebenswert gemacht hat.

Ich habe seit Jahren kein *"Jesus liebt dich"* mehr in der Kirche gehört. Wir wissen nicht, dass Jesus uns vor Gott gerecht gemacht hat durch sein Blut, nicht durch gute Werke. Ich hoffe, dass der Heilige Geist Sie davon überzeugt, wie sehr Gott Sie liebt, wenn Sie den Rest meiner Geschichte lesen.

Leider ist die Kirche voll von Menschen, die nur vom Baum der Erkenntnis des Guten und Bösen gekostet haben. Sie wissen nicht, wie man vom Baum des Lebens kostet. Es ist für uns einfacher, an die Idee zu glauben, für Belohnungen zu arbeiten, als das Konzept zu verstehen, dass Jesus unsere Sünden fortgenommen hat. Das ist ein großes Problem, das dazu führt, dass wir Christen unser Leben unnötig verpfuschen. Wir studieren die Bibel nicht sorgfältig genug, um den verborgenen Schatz der Wahrheit in ihr zu entdecken. Die Bibel ist kein Buch der Gebote und Verbote, sie ist das Buch des LEBENS!

Vor einiger Zeit sagte ich meinen Kindern, sie sollten Gottes Wahrheit in allem suchen, auch in dem, was sie in der Kirche hören, denn dies ist ein Zeitalter der Täuschung, in dem auch Christen Irrlehren lehren. Finden Sie selbst heraus, was Gottes Wort wirklich über Sie sagt; Sie werden angenehm überrascht sein! In Matthäus 11,30 heißt es: *"Sein Joch ist leicht, und seine Last ist leicht."* Es ist so traurig, dass die Kirchen selten weiter gehen als *"Wie werde ich ein besserer Mensch".*

So finden wir eine religiöse Denkweise, in der unsere Gerechtigkeit von unserer Leistung abhängt und nicht von der Heiligkeit Jesu, in unseren Kirchen und in unseren Herzen. Unsere Kirchen sind voll von selbstgerechten Menschen, die ständig damit beschäftigt sind, über sich selbst zu urteilen und sich mit anderen zu vergleichen. Viele Menschen lassen sich von vermeintlichen Christen in die Irre führen, die nichts von der Freiheit wissen, die aus der Erkenntnis des wahren Jesus erwächst.

Das ist uns allen passiert. Und es tut mir leid, dass es wahrscheinlich auch Ihnen passiert ist. Stellen Sie sich das einmal vor.

Es gibt Hunderte, wenn nicht Tausende von Elvis-Presley- Imitatoren da draußen; einige von ihnen sind gut, und einige von ihnen sind schlecht. Mit den Christen ist es wie mit den Jesus- Imitatoren: Einige ähneln Jesus, aber die meisten tun es nicht. Es gibt nur einen wahren Elvis und nur einen wahren Jesus. Wir sollten uns an Jesus orientieren und nicht an anderen Christen.

Der Herr verlangt von uns Demut statt religiösem Hochmut. Mir gefällt diese Stelle aus Micha 6,8, die beschreibt, was Gott von uns erwartet.

"Er hat dir gezeigt, o Mensch, was gut ist und was der Herr von dir fordert: Gerechtigkeit zu üben, Barmherzigkeit zu lieben und demütig zu sein vor deinem Gott."

Nichts in dieser Bibelstelle sagt: *"Versuch mich zu beeindrucken und vielleicht lasse ich dich in den Himmel kommen"*.

NEIN! Sie sagt nur, dass wir fair zu anderen sein sollen. Wir sollen die Tatsache lieben, dass uns unsere Sünden durch Gottes Barmherzigkeit vergeben wurden, und wir sollen Jesus einfach demütig in unser tägliches Leben einladen. Denken wir daran, dass Adam im Garten Eden jeden Abend mit Gott spazieren ging und mit ihm sprach. Um Gott mit unseren Leistungen zu beeindrucken, will Gott nur unsere Anwesenheit, nicht unsere Sünden. Ich hoffe, dass ich Ihnen damit einige unnötige Sorgen genommen habe.

An Thanksgiving 1981 versammelte sich meine Familie im Haus meiner Großeltern. Meine Schwester Rhonda und ich verbrachten einen Nachmittag damit, durch die kleine Stadt zu fahren. Wir schwelgten in Erinnerungen an unser Leben. Als wir über die staubigen, ungepflasterten Gassen des Städtchens fuhren, sagte Rhonda: *"Es ist schwer zu glauben, dass man die Nummer eins sein könnte, wenn man immer wie die Nummer zwei behandelt wird..."*. *"Wie die Nummer zwei?"* warf ich ein.

Die Anspielung auf die Scheiße brachte uns zum Lachen, und es war eine willkommene Abwechslung zum "Wir Armen"-Gespräch. Es war schön, sich mit jemandem zu unterhalten, der die gleichen Erfahrungen gemacht hat. Im Galaterbrief 6,2 steht "Einer trage des anderen Last, so erfüllet ihr das Gesetz Christi."

Die Probleme unserer Kindheit brachten zumindest einen Sinn für Humor in unser Leben.

Ich begann mein Studium an der Texas Tech, nachdem ich 1981 meinen Abschluss an der Coronado HS gemacht hatte. Da ich noch kein Hauptfach gewählt hatte, belegte ich zunächst nur Grundkurse. Meine Mutter bezahlte mein erstes Semester, aber für den Rest musste ich selbst aufkommen. Ich arbeitete 32 Stunden in der Woche im Handel mit Wohnmobilen und belegte gleichzeitig einen vollen Studiengang an der Fachhochschule für Technik. Meine Gebetszeiten konzentrierten sich auf die Frage, welche Karriere der Herr von mir erwartete. Doch anfangs erhielt ich keine klaren Botschaften.

Eines Tages im ersten Semester, als ich betete, gab mir der Herr den Gedanken, Jesaja 45 zu lesen. Als ich die ersten Verse las, klang es interessant, aber ich verstand die Botschaft nicht ganz. Dass es sich um eine prophetische Botschaft des Herrn handelte, in der er mir mitteilte, was er in meinem Leben zu tun gedachte, verstand ich erst Jahre später.

"Ich will vor dir hergehen und die Berge ebnen: Ich will die bronzenen Tore zerbrechen und die eisernen Riegel durchhauen. Ich will dir die Schätze der Finsternis geben, den Reichtum der verborgenen Orte. Dann wirst du erkennen, dass ich der Herr bin, der Gott Israels, der dich bei deinem Namen ruft." Jesaja 45,2-3

In den folgenden zehn Jahren führte mich der Herr in Situationen, die mir halfen, das zu entdecken, was in meinem Unterbewusstsein verborgen war. Sie halfen mir, als Erwachsene mit dem umzugehen, was ich als Kind auf mich genommen hatte. Er sprach zu mir Worte der Befreiung in den dunkelsten Momenten meines Lebens. Diese Worte waren Schätze der Finsternis, verborgene Offenbarungsreichtümer, die ich nur durch mein Suchen finden konnte. Gott wusste, was ich hören musste, und er bereitete mein Herz darauf vor, seine Wahrheit zu empfangen.

KAPITEL 7

DIE GRO E DEPRESSION

Es war im Sommer 1982 und mein Dienst an den Kindern war in vollem Gange. Wir beluden die Busse für die schönste Woche des Jahres: das Sommercamp! Dieses Jahr fuhren wir in die wunderschönen Berge von Colorado. Die Landschaft war atemberaubend und in diesem Jahr hatten wir auch einige Referenten bei uns im Camp.

Einer der Gastredner, Darryl, war bei den Kindern sehr beliebt und sie haben die ganze Zeit um seine Aufmerksamkeit gebettelt. Er schien sehr vom Heiligen Geist erfüllt zu sein und sprach oft prophetisch und ermutigte die Kinder. Eines Tages, während unserer Freizeit, hatte Darryl einen Moment mit mir allein. Wir kamen ins Gespräch. Er sah mich besorgt an und sagte: *"Dein Vater hat dich verletzt, nicht wahr?"*

Ich war erstaunt über seine Worte und fragte mich, wie ein völlig Fremder so etwas Persönliches über mich in Erfahrung bringen konnte. *"Ja, Sir"*, war alles, was ich sagen konnte. Plötzlich entdeckte uns eine Gruppe von Kindern und sagte, dass jemand die Hilfe von Darryl bräuchte, also machte er sich auf den Weg.

Natürlich hatten wir keine Zeit, unser Gespräch zu Ende zu führen, und ich stand mit einem dummen Gesichtsausdruck da. Die Wahrheit seiner Worte traf mich hart und erinnerte mich wieder einmal an meine familiären Probleme. Mein Gesichtsausdruck veränderte sich und diese Offenbarung war wie ein Tritt in die Magengrube, der mich plötzlich daran erinnerte, dass mein Herz gebrochen war.

Darryl hatte sich nie mit mir in Verbindung gesetzt, um mir Mut zu machen oder mir Ratschläge zu geben, und ich konnte diese Information einfach nicht verkraften. Viele dieser alten Ängste und Gefühle kamen mir in der nächsten Stunde oder so wieder in den Sinn. Der Schmerz, der unter dem falschen Glauben, Gutes zu tun, begraben war, kam zurück.

Meine Mutter merkte sofort, dass etwas nicht stimmte, als das Lager zu Ende war und ich nach Hause kam. *"Warum bist du so deprimiert? Was ist passiert?"*, fragte sie. *"Ich weiß es nicht"*, war alles, was ich sagen konnte. Wochenlang lief ich wie ein Zombie durch die Gegend, erdrückt von der Erkenntnis, dass ich eine Menge Wunden hatte, die ich vergraben hatte. Satan machte sich einen Spaß daraus, mich mit Gedanken zu quälen wie...

1) Du bist beschädigte Ware

2) Du bist es nicht wert, geliebt zu werden

3) Du wirst nie über dein gebrochenes Herz hinwegkommen

4) Die Zukunft wird so schlimm sein wie die Vergangenheit

5) Und die schlimmste Lüge von allen - Gott liebt dich nicht wirklich.

Es waren schreckliche, leere Tage, und ich bin froh, dass ich jetzt nicht mehr so viele Erinnerungen an diese Tage habe. Auch zu Hause ging es meinen Schwestern nicht gut. Ich war in der Kirche, traf mich mit Freunden, ging zur Schule und zur Arbeit. Ich war selten zu Hause, außer zum Schlafen und Essen. Mein Stiefvater war ein komischer

Typ, aber ich hätte mir niemals vorstellen können, dass er meinen Schwestern so etwas antut.

Eines Tages war Rhonda sehr aufgebracht, als wir von der Kirche nach Hause kamen. Don sei an diesem Morgen splitternackt in ihr Zimmer gekommen, erzählte sie uns. Sie schrie und rannte hinaus. Meine jüngere Schwester Kim hat uns dann auch noch erzählt, dass sie das Gleiche schon einmal in ihrem Leben erlebt hat. Mutter war wütend! Ich war schockiert!

Innerhalb einer Woche zog Don aus dem Haus und in eine Wohnung. Als die Scheidung durch war, war ich am Boden zerstört! Nicht nur, dass unsere Ehe beendet war, es zerstörte auch meine Träume, dass Don mein christlicher Vater werden würde. Alles, was ich je wollte, alles, worum ich den Herrn bat, war, einen Vater zu haben, der mich auf die richtige Weise liebt, und das brach mir das Herz.

Ich wurde von einer tiefen Depression erfasst und mein Herz verschloss sich vor allen, auch vor Gott. Meine Schwestern und ich hatten alle die gleiche Erziehung, aber wir hatten alle unsere Art und Weise, mit unserem Schmerz fertig zu werden. Da ich eine melancholische Persönlichkeit hatte, schwieg ich einfach und zog mich zurück. Ich war sehr wütend auf Gott und fragte mich, ob es irgendwie meine Schuld war. Warum hat Gott meine Gebete nicht erhört? Die Scham sagte mir, dass es meine Schuld war.

Ich hatte einen schrecklichen Traum in einer Nacht, kurz nach der Scheidung. Ich träumte, dass ich mit jemandem kämpfte und von hinten von einer giftigen Schlange angegriffen wurde, die sich direkt unter meinem linken Schulterblatt in meinem Rücken festgebissen hatte. Als ich aufwachte, tötete mich mein Rücken genau an dieser Stelle. Es war ein dämonischer Angriff, der durch meine Wut auf Gott ermöglicht wurde.

Erleiden wir in einem unserer drei Teile (Körper, Seele oder Geist) eine Verletzung, so hat dies oft gleichzeitig Auswirkungen auf die anderen beiden Teile. Körperliche Schmerzen können die Folge eines emotionalen Traumas sein. Mein seelischer Schmerz, der Zorn auf Gott, drückte sich in emotionalen Qualen und nun auch in körperlichen Schmerzen in meinem Rücken aus.

Wenn ich in den folgenden Wochen versuchte zu beten, führte das nur dazu, dass ich meinen Zorn auf Gott herausschrie. Und ich spürte wieder den Biss der Schlange in meinem Rücken, wenn meine emotionalen Qualen wieder hochkamen! Um zu erkennen, dass es sich um einen dämonischen Angriff handelte, wusste ich damals noch nicht genug über geistliche Kriegsführung. Schrecklich! Das war die schlimmste Zeit in meinem Leben, weil ich den Glauben an Gott verloren hatte. Ich war der Überzeugung, dass ich ein Fluch sei, und der Geist der Schande sagte mir, dass ich niemals Liebe haben würde.

Der religiöse Teil in mir hielt immer noch an einem geregelten Gebetsleben fest, aber jetzt waren meine Gebete herzlos und stumpf. Ich nannte sie Token Gebete, weil sie alle gleich klangen... leblos und leer. *"Herr, bitte hilf mir durch diesen Tag ... bla, bla, bla"* war alles, was ich aufbringen konnte.

Eines Tages fragte ich den Herrn im Gebet, ob er mir etwas sagen wolle. Dass das Gebet ein Gespräch zwischen Gott und uns sein soll, vergessen wir. Jedenfalls wollte mir der Herr an diesem Tag etwas zeigen.

Während ich mit geschlossenen Augen auf den Herrn hörte, hörte ich, wie Tongefäße zerbrachen, und dann sah ich Menschen im Kreis stehen. Sie schienen die zerbrochenen Stücke mit Sorge zu betrachten und sagten: *"Es ist zerbrochen, man kann es nicht reparieren. Schade."* Dann trat jemand in den Kreis. Er kniete nieder und begann, die Scherben aufzusammeln. Dann war die Vision vorbei. Ich öffnete die Augen, sah mich im Raum um und dachte: *"Das war merkwürdig"*. Ich fragte mich, was diese Vision zu bedeuten hatte. Ungefähr einen Monat später bekam ich die Antwort.

Es war im Winter 1983, die Hochschulgruppe und die kirchliche Singlegruppe waren unterwegs zu einer gemeinsamen Skifreizeit. Meine Eltern hatten sich gerade scheiden lassen und irgendwie blieb ich im Single-Bus hängen. Als wir unterwegs eine Toilettenpause einlegten, wurde der Bus immer voller.

Ich saß ganz vorne am Fenster und dachte über die Scheidung meiner Eltern nach, als mir einfach die Tränen kamen. Ich versuchte, so zu sitzen, dass mich niemand sehen konnte. Aber der unverheiratete Pfarrer bemerkte mich, setzte sich neben mich und fragte, was los sei. Ich begann noch lauter zu weinen, während er für mich zu beten begann.

Nach einer Minute schaute ich aus dem Fenster und sah mehrere Leute draußen im Kreis stehen. Sie schauten zu mir hoch und fragten sich, was wohl los sei. Da rief mir der Herr die Vision ins Gedächtnis und sprach zu mir: *"Coby, ich kann dein zerbrochenes Herz heilen. Der Mann, der die Scherben aufhob, war Jesus, und wir werden dich Stück für Stück wieder zusammensetzen."* Das zeigte mir, dass Gott mir meine wütenden Worte gegen ihn vergab und dass er immer noch an seinem guten Plan für mein Leben arbeitete. Das war für mich ein ermutigendes Zeichen.

Ich möchte meine Geschichte für einen Moment unterbrechen, um etwas zu erzählen: Es geschieht, wenn wir unser Herz Jesus übergeben. Für uns ist dieses Gebet um Erlösung nur etwas, das wir sagen, um Christ zu werden, aber für den Herrn hat es eine viel tiefere Bedeutung und eine viel größere Verpflichtung. In diesem Augenblick geht er einen feierlichen und dauerhaften Bund mit uns ein, dass er uns NIE und NIEMALS VERLASSEN wird, und er beginnt mit der Ausarbeitung seines göttlichen Plans zu unserer Heilung und Befreiung. Solange wir ihn in unserem Leben anerkennen, wird er uns nie verlassen.

Auch wenn wir uns ärgern und ihn fälschlicherweise des Bösen bezichtigen, ändert er seine Meinung nicht. Er sieht darüber hinweg, denn unser Zorn wurde uns bereits am Kreuz Jesu vergeben. Wir haben keine Ahnung, wie sehr Gott jeden Tag für uns sorgt, auch wenn wir ihn tagelang ignorieren. ER IST IMMER GLÄUBIG, auch wenn wir es nicht sind.

In den folgenden Tagen, obwohl ich immer noch wütend und enttäuscht von Gott war, begann sich mein Herz ein wenig zu öffnen. Ich ging immer noch zur Schule und arbeitete in einem Wohnmobilgeschäft. Bei der Arbeit war ich meistens der Erste, der den Laden betrat. Ich schloss die Wohnmobile auf und stellte die Heizung in der Werkstatt an.

Eines Morgens sah ich einen wunderschönen Regenbogen am östlichen Himmel. Dort hatte es geregnet. Beim Öffnen der Wohnmobile wiederholte ich den Bibelvers, der besagt, dass der

Regenbogen Gottes Versprechen ist, die Erde nie wieder zu überfluten. Da sprach der Herr ganz deutlich zu mir und sagte: *"Coby, wenn du von ganzem Herzen zu mir zurückkehrst, verspreche ich dir, dass du nie wieder trauern musst."*

Tränen liefen mir über das Gesicht, als ich wie an jenem Tag im Sommerlager Jahre zuvor die süße Gegenwart Gottes auf mich wirken spürte. Es war, als ob Gott auf seinen Thron im Himmel gestiegen wäre, als ob er mein Gesicht mit seinen Händen hochgehoben und direkt zu meinem Herzen gesprochen hätte.

Es ist unmöglich zu beschreiben, wie sich Gottes Gegenwart anfühlt, außer zu sagen, dass es reine Liebe und Frieden ist. Am ehesten kann ich es mit dem Gefühl vergleichen, das man unter einer warmen Dusche an einem kalten Wintertag hat - vollkommen friedlich und beruhigend. Nehmen Sie sich eine Minute Zeit, um sich vorzustellen, dass Gott oder Jesus zu Ihnen kommt, Sie umarmt und Ihnen sagt, dass er Sie liebt, ungeachtet dessen, was andere Ihnen antun. Das ist der sicherste und schönste Ort, an dem man sein kann... in Seiner Gegenwart.

Wie Sie sich vorstellen können, hat mich dieses Ereignis tief geprägt. Ich war an diesem Tag nicht in der Lage, mich auf meine Arbeit zu konzentrieren, aber es war alles in Ordnung. Gott hatte mich an jenem Tag besucht! Gott zu erleben, verändert unser Leben für immer, und er hat mich auf wunderbare Weise berührt. Weil er so freundlich zu mir war, öffnete sich mein Herz immer mehr für den Herrn.

KAPITEL 8

PALÄSTINA

Gott begann, mir während meiner Gebetszeiten in den letzten Monaten des Jahres 1983 mehr Visionen zu schenken. Lassen Sie mich an dieser Stelle hinzufügen, dass es sich bei den Visionen nicht um gruselige und unheimliche Bilder handelt, jedenfalls nicht um Visionen des Heiligen Geistes. Sie sind unseren Tagträumen sehr ähnlich, mit dem einzigen Unterschied, dass es Tagträume sind, die vom Geist Gottes gesandt werden. Es ist eine der Arten, wie Gott zu uns spricht.

Dr. Paul Youngi Cho sagt in seinem Buch *"The Fourth Dimension"* (Die vierte Dimension), dass Träume und Visionen die Sprache des Heiligen Geistes sind. Der Herr war so großzügig, mir bestimmte

Dinge durch Visionen zu offenbaren, da ich eher ein visueller als ein auditiver Lerntyp bin.

Durch das Lesen der Bibel sprach Gott zu mir über die Grundprinzipien des Lebens. Aber durch diese Visionen gab er mir besondere Anweisungen. Eine Vision, die ich immer wieder hatte, war, wie ich eine lange Autofahrt in meinem Camaro von 1977 machte. Zu dieser Zeit hörte ich gerne das Album Chariots of Fire von Vangelis und ich hatte eine dieser Visionen während der Autofahrt, als ich Abrahams Thema hörte. Es ist so ein schönes Lied. Ich hatte keine Ahnung, wohin ich fahren würde, aber ich war fasziniert von diesen Visionen.

Ich blieb in der kirchlichen Jugendarbeit aktiv, bis sich eines Tages eine neue Möglichkeit ergab. Der Pastor der Junior High wechselte als Hilfspastor in eine Stadt namens Palestine im Osten von Texas. Ich und mein Freund Warren wurden von Pastor Bryan und seiner Frau Kim gefragt, ob wir mitkommen und in der Jugendgruppe mithelfen wollten.

Warren hat sofort zugesagt, weil er es kaum erwarten konnte, aus Lubbock raus zu kommen. Ich musste eine Weile darüber nachdenken. Nachdem ich darüber gebetet hatte, war ich überzeugt, dass es Gottes Wille für mein Leben war, und ich fragte einige Leute, denen ich vertraute, was sie davon hielten. Dass dies der Weg war, den der Herr mir in meinen Gebeten und Träumen gezeigt hatte, wurde mir bald klar.

Den größten Teil meines Lebens lebte ich in der gleichen Stadt, in der gleichen Umgebung und mit den gleichen Erwartungen an das Leben. Der Herr war dabei, mir eine neue Art zu zeigen, über das Leben nachzudenken, über mich und über ihn. Im Winter 1984 reisten Warren und ich nach Palästina. Er war schon einmal dort gewesen und hatte in der Woche zuvor einige seiner persönlichen Effekte abgelegt.

Wir zogen in ein altes viktorianisches Haus mit zwei Stockwerken ein, das zu einem Haus für vier Familien umgebaut worden war. Bei unserer Ankunft war es sehr kalt und wir stellten fest, dass Warren die Badewanne mit Wasser gefüllt hatte und sie gefror! Darüber haben wir sehr gelacht! Nach dem Aufdrehen der Heizung in der Wohnung, dem

Auspacken unserer Sachen und dem Auftauen der Badewanne haben wir einen Ausflug in die Stadt gemacht.

Palestine Texas war ein wunderschöner Ort, auch im Winter. Die Bäume schienen, besonders da wir aus dem Flachland von West Texas kamen, so hoch wie der Himmel zu sein. Palästina war eine kleine Stadt mit etwa 12.000 Einwohnern, und im Gegensatz zu Lubbock gab es keine einzige Straße, die nicht kurvig war, mit Steigungen und Gefällen. Es gab sogar eine Straße, die sie *"Achterbahnstraße"* nannten. Eines Tages hatte ich auf dieser Straße etwas zu viel Spaß. Ich musste den Auspuff meines Camaro austauschen lassen. Ups! An einem neuen Ort zu sein, wo neue Abenteuer auf uns warteten, war aufregend.

Zum ersten Mal erlebten wir die berühmte Gastfreundschaft der Südstaaten, als wir am nächsten Tag in unserer neuen Kirche ankamen! Warren und ich wurden der 300-köpfigen Gemeinde als die neuen Mitarbeiter der Jugendgruppe vorgestellt. Keine 5 Minuten nach dem Gottesdienst waren wir schon zum Mittagessen bei jemandem zu Hause eingeladen. Hausgemachtes Essen mit netten, liebevollen Menschen. Daran könnte ich mich gewöhnen!

Viele Leute aus der Gemeinde und die Kinder aus der Jugendgruppe lernten wir in den nächsten Tagen kennen. Wir waren aufgeregt, dort zu sein, und sie waren aufgeregt, uns zu haben. Manchmal wird man mit mehr Respekt behandelt, als man denkt, wenn man an einen neuen Ort kommt, wo einen niemand kennt. Wir wurden wie Könige behandelt und jeder wollte uns kennen lernen.

Besonders drei Familien nahmen mich unter ihre Fittiche. Ich kann mich an keinen Sonntagnachmittag erinnern, an dem ich nicht bei einer dieser Familien zum Mittagessen eingeladen war. In der Regel kamen mindestens 2 oder mehr Familien zum Essen und zur Gemeinschaft zusammen, und sie behandelten mich wie ein Mitglied ihrer Familie. Mit 21 Jahren brachte mich der Herr in eine liebevolle Umgebung, um mir zu zeigen, dass das Leben sich zum Besseren wenden kann, und ich war so dankbar für Gottes Güte, dass er mir auf so wunderbare Weise die Hand gereicht hatte.

An einem Sonntag waren etwa 20 Leute im Haus von Dick und Rose versammelt; die Frauen bereiteten das Essen vor, und die Männer sahen sich die Dallas Cowboys im Fernsehen an. Mit vielen der Anwesenden hatte ich gute Freundschaften geschlossen, viele von ihnen waren ein Segen für mich. Aber aus irgendeinem Grund fühlte ich mich einsam. Ich fühlte mich von allen getrennt, ein Gefühl, das ich von früher kannte.

Irgendetwas muss dieses Gefühl der Ablehnung ausgelöst haben. Ich hatte das Gefühl, nicht hierher zu gehören. Während ich schweigend das Spiel verfolgte, sprach der Herr leise zu mir. Er sagte: *"Coby, warum bist du so niedergeschlagen? Sieh dich um und zeige mir einen Menschen, der dich nicht geliebt und angenommen hat."* Ich konnte niemanden finden.

Gott hat eine Art, Dinge klar zu machen. Ich konnte keinen einzigen Menschen nennen, der mich zurückgewiesen hatte oder alles andere als freundlich zu mir gewesen war. Dass diese Menschen nicht die Quelle meiner Einsamkeit waren, begann mir zu dämmern. Woher kam dann dieses Gefühl?

Damit wir das Leben deuten und genießen können, hat Gott uns die Gabe der Gefühle gegeben. Aber manchmal verstehen wir nicht, was wir fühlen und uns sagen lassen wollen. Gefühle haben keine Absicht. Sie zeigen uns nur, ob eine Erfahrung glücklich oder traurig ist. Wenn unsere emotionale Reaktion schmerzhaft ist, kann unser Verstand uns eine Lüge erzählen. Wenn ein bestimmtes schmerzhaftes Gefühl immer wieder auftaucht, gibt es vielleicht eine Wunde, die geheilt werden muss. Mein Gefühl, einsam und zurückgewiesen zu sein, hatte nichts mit den Menschen in diesem Heim zu tun, sondern sagte mir, dass es in meiner Vergangenheit eine Wunde gab, die es zu heilen galt.

Einer der Gründe, warum Gott mich in diese Gemeinde gesandt hatte, war, dass sie von einem wunderbaren Mann, Ron MacIntosh, geführt wurde, den der Herr als ein Werkzeug gebrauchte, um mich spirituell wachsen zu lassen. Ron verkündete eine Predigt über Gerechtigkeit, die ich noch nie zuvor in einer Kirche gehört hatte. Er predigte über die Macht, die wir als Gläubige haben, über unsere Autorität und über unseren Zustand, durch Jesus in den Augen Gottes gerecht zu sein. Als ich ihn zum ersten Mal sagen hörte, dass wir vor Gott gerecht sind, klang das wie Ketzerei. Ich war immer in Kirchen gewesen, in denen uns gesagt wurde, dass wir alle Sünder seien und dass wir alle bessere Menschen werden müssten.

Von geistlicher Kriegsführung oder davon, dass Satan und seine Dämonen die Menschen mit Lügen und Betrug zerstören wollen, hatte ich nie etwas gehört. Ich hatte einfach angenommen, dass der Teufel in der Hölle sitzt und alle Bösen quält. Pastor Rons Predigten waren kraftvoll und lehrreich für mich, und ich lernte viel von ihm.

Da Jesus am Kreuz geopfert wurde, erklärte er mir mehrmals, dass die Gläubigen in den Augen Gottes bereits gerecht seien. Ich war der Meinung, dass ein Gerechter jemand wie Mose oder der Apostel Paulus ist, aber jetzt sagte Ron mir, dass auch ich gerecht bin? Das war wirklich ein neues Konzept. Wie konnte ich gerecht sein, wenn so vieles an mir falsch war?

Der Grund, warum ich nicht in der Lage war, die Liebe Gottes zu mir zu verstehen, war, dass dieser Platz bereits von dem Glauben besetzt war, dass ich es nicht wert sei, geliebt zu werden. Die Art und Weise, wie mein Vater mich behandelt hatte, hatte mein Unterbewusstsein davon überzeugt, dass es etwas an mir gab, das nicht liebenswert war. Gott begann, diese Lüge mit seiner Wahrheit zu konfrontieren. An diesem Punkt lernte ich einen der kraftvollsten Verse der Bibel kennen, der mein ganzes Leben verändert hat.

"Wir zerstören alle Vernunft und alle Anmaßung, die sich erhebt wider die Erkenntnis Gottes, und nehmen gefangen jeden Gedanken, dass er Christus unterworfen werde." 2. Korinther 10,5-6

Es war leicht für mich, an die Lügen zu glauben, die in meiner Seele gefangen waren, weil die Erfahrungen meines Lebens mir so viele Beweise dafür geliefert hatten. Es war leicht zu glauben, dass Gott zornig auf mich war wegen all der Sünden, die ich in meinem Herzen begangen hatte, wegen meines Zorns, meiner Eifersucht, meiner Bitterkeit und meiner Unversöhnlichkeit. Jahrelang hatten mir die Prediger gesagt, dass Christen alle Menschen lieben sollten, aber ich war nicht immer in der Lage, Liebe zu zeigen, ja, ich habe sogar einige Menschen gehasst!

Wer ich war und was ich vom Leben erwarten konnte, darüber hatte mich Satan von Kindheit an belogen. Ich gab mir große Mühe, mir die Liebe Gottes durch gute Werke für ihn zu erkaufen, aber die guten Gefühle waren nur von kurzer Dauer. Alle schienen mehr Geld, ein besseres Auto, ein Zuhause mit einer guten Mutter und einem guten Vater und einfach ein einfacheres Leben zu haben als ich. Ich fühlte mich an den Rand gedrängt und dazu auserwählt, für meine Sünden und die der anderen zu bezahlen.

Zu wissen, dass mein Familienleben anders war als das der anderen, ließ mich fühlen, dass ich minderwertig war, dass Gott mich vergessen hatte oder einfach ungerecht zu mir war. Nach Gottes Wort ist der Vergleich des eigenen Lebens mit dem Leben anderer eine Sünde, weil er nur eines von zwei Dingen zur Folge hat: Stolz oder Neid. Gott sagt, dass wir, auch wenn wir danach streben, an Reichtum und Weisheit zu wachsen, mit dem zufrieden sein sollen, wo wir sind und was wir haben. Das 10. Gebot besagt, dass wir nicht begehren sollen, was unser Nächster hat, oder ihn hassen sollen, weil er's geschafft hat. Ich hatte wirklich damit zu kämpfen, neidisch auf andere zu sein und das Gefühl zu haben, dass Gott mir gegenüber ungerecht ist.

Während meiner Zeit in Palästina begann ich, ein Tagebuch zu schreiben, wie Pastor Ron es mir empfohlen hatte. Unsere Gemeinde lernte gerade, stille Zeiten mit dem Herrn zu verbringen und unsere Gebete und Gebetserhörungen aufzuschreiben. So fing ich an, meine Gedanken und Gebete aufzuschreiben und die Dinge, die Gott mich auf diesem Weg lehrte.

Das hat mir sehr geholfen. Es half mir bei der Ordnung meiner Gedanken und Gefühle und bei der Konzentration auf das, was der Herr in meinem Herzen tat. Ich kann es nur empfehlen, und ich würde auch jedem empfehlen, sich einen starken Freund zu suchen, dem man vertrauen kann und mit dem man über alles reden kann.

In unserer Jugendgruppe war ein süßes Mädchen, das ich immer nach Hause gebracht habe, weil ihre Eltern sie nicht in die Kirche mitnahmen. Als wir vor ihrem Haus saßen und stundenlang darüber sprachen, womit jeder von uns zu kämpfen hatte, entwickelten Lexie und ich eine große Freundschaft.

Als wir den tieferen Sinn des Lebens erforschten, entdeckten wir, dass wir unsere eigenen Antworten fanden, indem wir sie einfach aussprachen. Es war so heilsam für uns beide, und ich bete, dass auch Sie eine freundliche Seele finden werden, die Ihnen zuhört, wenn Sie versuchen, Ihre Gedanken und Gefühle zu verarbeiten. Hoffentlich können Sie dann, während Sie heilen, auch für Ihre Freunde zu dieser Person werden.

Eine der neuen Lektionen, die wir erhielten, betraf das Zerbrechen der Festungen Satans in unserem Leben. Wir lernten, die Geister der Finsternis zu binden und den Heiligen Geist Gottes freizusetzen, um uns zu heilen und von Lügen und Betrug zu befreien. Warren und ich und manchmal noch ein Freund kamen in unser Haus und beteten. Wir suchten in unseren Herzen nach möglichen Sünden oder bösen Geistern, die uns bedrängen könnten.

Das war eine anstrengende Zeit für mich, denn manchmal beteten wir bis 2 Uhr morgens, und ich musste am nächsten Morgen um 6 Uhr arbeiten. Vielleicht haben wir es ein bisschen übertrieben, aber wir haben gelernt. Nicht hinter jeder Herausforderung, mit der wir es zu tun haben, steckt ein böser Geist, manchmal sind es einfach nur unsere eigenen negativen Gedanken, die uns zu schaffen machen.

Es gibt geistliche und seelische Festungen. Die geistlichen müssen im Gebet in der Autorität Jesu angegangen werden. Wenn wir uns erlauben, unsere Gefühle auszudrücken, können wir die seelischen meist einfach aussprechen. Manchmal können wir sie einfach durch Weinen loswerden. Männer dürfen weinen, wenn sie es müssen. Das macht einen nicht zum Weichei, glauben Sie mir. Bei mir hat es genau das Gegenteil bewirkt.

Männer, sehen Sie es doch mal so. Wir sind stolz darauf, dass wir vor nichts Angst haben, oder? Aber vor den eigenen Gefühlen, vor allem den traurigen, haben die meisten Männer Angst. Stellen Sie sich diese traurigen Gefühle wie einen Tyrannen vor. Ein richtiger Mann steht auf und stellt sich seinem Tyrannen, oder? Sich seinen Gefühlen zu stellen und zuzuhören, was sie einem sagen, ist also sehr männlich. Sie werden Sie wieder verfolgen und quälen, wenn Sie weglaufen und diese Tyrannen ignorieren.

Unterdrücken oder Ignorieren Sie Ihre Gefühle, die immer wieder in Ihrer Seele auftauchen, dann verraten Sie sich im Grunde selbst. Ihre Seele versucht Sie auf etwas aufmerksam zu machen, das angesprochen werden muss. Wenn wir auf unsere Gefühle hören und herausfinden, was sie uns sagen wollen, sind wir in der Lage, die notwendigen

Anpassungen vorzunehmen, und die Gefühle werden uns nicht mehr auf die Nerven gehen. Wenn wir unsere Gefühle ignorieren, werden sie uns weiterhin stören.

Haben Sie also Mut, hören Sie auf Ihr Herz und Sie werden einen Weg zur Lösung des Problems finden. Erlauben Sie sich, Enttäuschung, Scham oder was auch immer zu fühlen. Wenn Sie sich diesen Gefühlen stellen und sie zulassen, werden sie befriedigt und verschwinden in der Regel. Gott hat uns Gefühle nicht ohne Grund gegeben. Wenn Sie anfangen, auf Ihre Gefühle zu hören und sie durch sich hindurchgehen lassen, dann werden Sie wirklich zu einem starken Mann, der alles schaffen kann! Mit jeder Angst, der wir uns stellen, werden wir selbstbewusster und gesünder.

Hier ein Beispiel. Angenommen, Ihre Frau beschwert sich, dass Sie zu viel Golf spielen und ihr zu wenig im Haushalt helfen.

Diskutieren Sie mit ihr oder denken Sie ehrlich darüber nach? Wenn Sie nur versuchen, sie zum Schweigen zu bringen, ohne zu prüfen, ob sie ein berechtigtes Argument hat, werden Sie sich jedesmal schuldig fühlen, wenn Sie golfin gehen.

Wenn Sie einen Moment inne halten und sich selbst ein Urteil bilden, oder sogar den Rat eines vertrauten Freundes einholen, sind Sie in der Lage, das Problem in den Griff zu bekommen. Wenn Sie erst einmal herausgefunden haben, ob Sie wirklich egoistisch sind oder nicht, dann können Sie sich ändern und ein besseres Gleichgewicht finden, oder Sie können Ihrer Frau ganz ruhig sagen, dass Sie etwas Zeit für sich selbst brauchen. Ich erinnere mich an eine Zeit, in der ich so viel gearbeitet habe, dass der Herr zu mir sagte: *"Warum arbeitest du so viel? Warum nimmst du dir nicht etwas Zeit und gehst golfin?"* Ich arbeitete sechs bis sieben Tage die Woche und hatte seit Monaten kein Golfig mehr gespielt. Viele Männer denken, dass sie immer hart arbeiten müssen. Ausgleich ist viel gesünder.

KAPITEL 9

DIE WURZEL DER ABLEHNUNG

Der Kampf um meine Seele lief auf Hochtouren. Viele Tränen sind geflossen und einige Festungen sind in Trümmer gelegt worden, als Erstes die Festung des Stolzes. Das erste, was der Herr von mir verlangte, war der Geist des Stolzes, der einen subtilen, aber starken Halt in meinem Herzen hatte. Erinnern Sie sich noch an die Diskussion in Kapitel 3, in der es um den Geist der Scham ging, dem wir alle erliegen? Nun, der bevorzugte Bewältigungsmechanismus scheint das Aufstellen eines Schutzschildes aus Stolz zu sein, in der Hoffnung, dass unser Herz dadurch vor weiteren Verletzungen geschützt wird.

Das einzige Problem mit dem Stolz ist, dass er unser Herz verschließt, so dass nichts in es hinein und nichts aus ihm heraus kann. Wenn wir unser Herz mit dem Pflaster des Stolzes bedecken, kann der

Geist Gottes nicht in unserem Herzen wirken. Dieser Stolz äußert sich in einer Abwehrhaltung. Wenn wir versuchen, jemanden mit etwas zu konfrontieren, und er wehrt sich... dann spricht der Stolz aus ihm. Gott widersteht den Hochmütigen, aber den Demütigen gibt er Gnade, sagt die Bibel.

Wird ein Hund verwundet, zieht er sich an einen sicheren Ort zurück, um seine Wunden zu lecken und sich zu beruhigen. Kommt ihm in diesem Zustand jemand zu nahe, wird er den Eindringling mit einem lauten Bellen in die Flucht schlagen. Wir Menschen können uns nicht verstecken. Wir Menschen können uns nicht verstecken. Wir müssen weiterleben und mit der Welt interagieren, also tun wir so, als ob wir nicht verletzt worden wären oder als ob uns die Verletzung egal wäre. Wir bedecken die Wunde mit falschem Stolz.

Bis zu einem gewissen Grad haben wir das alle getan. Aber irgendwann müssen wir uns dem Schmerz stellen und ihn irgendwie verarbeiten, sonst wird er uns weiter belasten. Wenn wir uns nicht gestatten, mit den Gefühlen umzugehen, die wir fühlen, bleiben sie im Kopf, im Gefühl und sogar im Körper, wie mein Gefühl nach dem Biss der Schlange.

Leider hatte ich nicht die geringste Ahnung, wie ich mit meinen Gefühlen umgehen sollte und wie ich meine Sorgen auf den Herrn werfen sollte, wie es in der Bibel vorgeschlagen wird. Aber wie ich schon im ersten Kapitel gesagt habe, hat Gott uns mit der Fähigkeit zum Wachstum, zum Lernen, zur Suche nach Weisheit und zur Lösung von Problemen geschaffen. Aber wir müssen die falsche Sicherheit des Stolzes ablegen, bevor wir uns sicher genug fühlen, um Hilfe zu suchen. Hochmut kommt vor dem Fall, aber Demut kommt vor der Ehre.

Der Herr hat mir geholfen, die Macht über die Festung des Stolzes zu erlangen und ihm zu sagen, dass er mich im Namen Jesu verlassen soll - und das hat er getan! Wenn wir den Feind in seinem Namen und in seiner Autorität ansprechen, gibt uns Jesus Macht über ihn. Unglaublich! Der Teufel hat, wenn wir es ihm nicht erlauben, keine Macht über einen Gläubigen und kein Recht auf ihn. Alles, was wir zu tun haben, ist, ihm zu widerstehen, und dann muss er fleiden.

"Unterwerfen wir uns also Gott. Widerstehen Sie dem Teufel, und er wird von Ihnen weichen. Nähern Sie sich Gott, und er wird sich Ihnen nähern." Jakobus 4,7-8

Weil ich so viel betete und über mich nachdachte, sprach der Herr in dieser Zeit oft zu mir. Eines Abends hatte ich ein Gespräch mit dem Herrn über einen Berg von Problemen, die ich entdeckt hatte. Erinnern Sie sich, vieles davon war seit meiner Kindheit unterbewusst vergraben, und es war überwältigend zu sehen, wie viel davon wieder auftauchte.

Unsere Probleme werden übermächtig, wenn wir denken, dass wir uns selbst verändern müssen, aber in Wirklichkeit ist es Gottes Werk, uns zu verändern. Es ist unsere Aufgabe, um Hilfe zu bitten, aber Gott verändert uns. Wir müssen nur still sein und zuhören. Wir müssen ihm erlauben, die Wahrheit und das Leben zu uns zu sprechen. Durch das Sakrileg Jesu am Kreuz wurden uns als Christen unsere Sünden genommen. Alles, was er jetzt noch zu tun hat, ist, die Gedanken und Überzeugungen aufzudecken und zu korrigieren, die uns daran hindern zu glauben, dass er uns liebt. Er sagte: *"Coby, deine Probleme machen mir überhaupt keine Sorgen. Ich weiß, was ich in deinem Leben tue, und wir machen Fortschritte. Gib nicht auf und hab keine Angst".* Er war so freundlich, sich mir zu offenbaren.

Von den Wegen der Welt unterscheidet sich das christliche Leben sehr. Die Weisheit der Welt besagt, dass man sich durchsetzen muss, bis man bekommt, was man will, egal, wen man dabei verletzt. Gott nennt uns seine Schafe. Und alles, was Schafe tun, ist, auf die Stimme des Hirten zu hören, dorthin zu gehen, wohin er sie führt, und zu fressen!

Wir brauchen uns um nichts zu sorgen, denn er sorgt für uns. Wir brauchen nur zu hören, zu gehorchen und seine Gegenwart zu genießen. Lassen Sie sich nicht von Predigern einreden, Gott brauche Ihre Hilfe, um die Welt zu retten. Das ist eine unnötige Bürde, die uns religiöse Menschen auferlegen. Ja, Gott wird uns gebrauchen, aber er hat diese guten Werke schon vorbereitet, bevor wir anfangen zu arbeiten. Wir müssen nur in der Nähe des Herrn bleiben und bereit sein, wenn diese Gelegenheiten kommen.

Gott zeigte mir etwas Tiefgründiges über meine Situation in den nächsten Tagen. Er zeigte mir, dass alle meine Probleme in Beziehungen in Wirklichkeit nur die Folge eines einzigen Problems waren: die Wurzel der Ablehnung.

Er gab mir ein Bild, um mir zu helfen, das zu verstehen. Er zeigte mir ein Bild von meinen wichtigen Beziehungen in der Vergangenheit als Äste eines Baumes, die aus einer großen Wurzel in der Erde herauswachsen. Er zeigte mir, dass ich mich wirklich nur auf die Wurzel des Problems konzentrieren musste und nicht auf alle Äste. Was für eine Erleichterung!

Nur ein Gedanke: Wir Christen haben die Tendenz, den Weg des Glaubens so kompliziert zu machen, aber der Herr ist so einfach im

Umgang mit uns. Er will unser Leben vereinfachen, nicht verkomplizieren. Die meisten Psychologen neigen dazu, sich auf das Verhalten ihrer Klienten zu konzentrieren. Der Herr aber spricht zu den Herzensangelegenheiten, zu den grundlegenden Problemen, die unser Verhalten beeinflussen.

Unser Verhalten ist nicht einfach ein tierischer Instinkt. Es gibt ein Verhaltensmuster oder einen Verhaltenszyklus, den ich gelernt habe und der es erklärt. Zuerst werden wir einem Reiz ausgesetzt, erleben etwas, das Gefühle oder Emotionen auslöst. Wenn wir dieses Gefühl wiederholt erleben, löst es einen Gedanken aus. Durch das Ausüben dieses Gedankens entwickeln wir dann eine Überzeugung über das Leben. Unser Verhalten wird dann von unseren Überzeugungen über bestimmte Lebenserfahrungen bestimmt.

Wir lassen einige wichtige Schritte aus, wenn wir uns nur auf das Verhalten konzentrieren. Und ich gehe noch weiter und sage, dass wir unsere Unsicherheiten nicht einfach wegbeten können, als wären sie nur ein Dämon. Damit der Schmerz uns verlässt, müssen wir unsere Gefühle, Gedanken und falschen Überzeugungen untersuchen. Einen Dämon auszutreiben, wird helfen, eine geistliche Festung zu beseitigen, aber wir müssen auch die geistlichen Wunden heilen.

Die meisten Christen ziehen es vor, den Schmerz einfach weg zu beten, anstatt sich den Problemen zu stellen und sie mit Hilfe der Wahrheit zu lösen. Gott gibt uns viele Gelegenheiten, unseren Ängsten zu begegnen, und wir können sie vorübergehend wegbeten, aber wir müssen die verborgene Wunde behandeln, damit der Schmerz verschwindet. Hier wird Jesus für uns wirklich. Wenn wir mit Jesus darüber sprechen, wie wir uns fühlen, offenbart er uns die Erinnerungen, die Lügen und dann die Wahrheit, sodass wir den falschen Glauben durch die Wahrheit ersetzen können.

Das ist der Grund, warum uns die Heilige Schrift sagt, dass wir jeden Gedanken, den wir haben, gefangen nehmen und ihn mit dem vergleichen sollen, was Gott über uns als seine Kinder sagt. Hinzufügen möchte ich an dieser Stelle noch, dass nicht jeder Gedanke, der Ihnen in den Sinn kommt, auch von Ihnen selbst ist. Der Heilige Geist spricht zu Ihnen durch Ihre Gedanken, Sie haben Ihre eigenen Gedanken und auch die bösen Geister sind in der Lage, Ihnen Gedanken in den Kopf zu setzen.

Gott gibt uns die Macht, berechtigt und verpflichtet, jeden Gedanken, der uns kommt, zu unterdrücken. Das Studium des Wortes Gottes ist der einzige Weg, um herauszufinden, welche Gedanken wahr und welche Lüge sind. Nehmen Sie nicht einfach das Wort von irgendjemandem für bare Münze. Auch dann nicht, wenn es sich um eine Autorität handelt. Ich warne Sie: Die Weisheit der Welt beruht darauf, andere zu manipulieren, die Weisheit Gottes beruht auf Liebe.

Glauben Sie nicht alles in diesem Buch, wenn Sie mir nicht zustimmen. Ich bin sicher nicht der Experte für alles. Um die Wahrheit zu erfahren, gehen Sie zum WORT GOTTES! Finden Sie selbst heraus, was Gott über Sie denkt und sagt. Die meisten Christen kennen Gott nur von dem, was sie von einem Prediger hören. Und nicht alle Prediger haben ein gutes Verständnis von Gottes Güte und Großzügigkeit. Die Kirche ist nur eine Einführung in Gott. In der Bibel sind mehr Schätze vergraben, die nur darauf warten, entdeckt zu werden, als man sich vorstellen kann. Hören Sie sich diese Bibelstelle an...

"Das Gesetz des Herrn ist vollkommen; es erquickt die Seele.

Die Satzungen des Herrn sind vertrauenswürdig und machen die Einfältigen weise.

Die Gebote des Herrn sind gerecht, sie erfreuen das Herz.

Die Gebote des Herrn sind leuchtend, sie machen die Augen hell.

Die Furcht des Herrn ist rein und währt ewiglich.

Die Gebote des Herrn sind sicher und vollkommen. Sie sind kostbarer als Gold, als viel reines Gold.

Durch sie wird der Knecht gewarnt.

Sie zu halten ist ein großer Lohn." Psalm 19,7-11

Das Wort Gottes wird auch als Wasser bezeichnet, das die Seele reinigt und den Durst löscht. Der Herr hatte mir offenbart, dass ich seit meiner Kindheit eine Wurzel in meinem Herzen hatte, die mich ablehnte, und dass es eine große, dicke Wurzel war, und dass sie tief saß. Ich habe in meinem Leben eine Million Unkräuter ausgerissen, und manche waren so groß, dass ich den Boden um sie herum bewässern musste, bevor ich sie ausreißen konnte.

Indem der Herr mir sein Wort offenbarte, mich über die Vollmacht, die ich in Jesus hatte, unterrichtete und mich an einen sicheren Ort mit fürsorglichen Menschen brachte, bewässerte er den Boden um meine Wurzel der Ablehnung. Palästina war für mich ein sicherer Ort, an dem ich die harten Stellen in meinem Herzen aufweichen konnte. Ich bin ihm so dankbar, dass er mich dorthin geschickt hat.

KAPITEL 10

DIE FESSELN SPRENGEN

Mit neuen Freunden, neuen Möglichkeiten und neuen Erfahrungen war ich in einer neuen Stadt. In Palästina erlebte ich viele schöne und aufregende Momente. Es gab aber auch sehr einsame Momente. Im Herbst 1984 hatten wir einen Regensturm, der 2 Wochen dauerte! Das muss die Zeit der Hurrikane gewesen sein. Ich war nicht an so viel Regen gewöhnt, da ich aus Lubbock komme. Ich dachte, es würde nie aufhören.

Meine Mitbewohnerin fuhr in der zweiten Woche des Sturms zu Besuch nachLubbock. Ich war also nicht nur einsam, sondern konnte auch wegen des Schlamms nicht bei der Arbeit am Bau sein. Ich war gelangweilt, einsam, pleite und ein leichtes Ziel für Depressionen.

Satan wusste, dass dies seine Chance war, mich in seine Gewalt zu bringen.

Obwohl ich Charles Stanley nie getroffen habe, war er wie ein geistlicher Vater für mich. Ich habe ihn immer wieder darauf hingewiesen, dass man nicht zu hungrig, zu zornig, zu allein oder zu müde sein darf, denn dann ist man anfällig für die Versuchung. Ich war zu dieser Zeit sehr einsam und frustriert, und Satan steigerte meine Qualen. Er nutzte die Gelegenheit, um mir zu sagen, dass ich meine Probleme nie in den Griff bekommen würde, also könnte ich auch gleich alles hinschmeißen.

Ich weiß noch, dass ich an einem Mittwoch dieser zweiten Woche auf dem Boden lag und darum bat, dass Gott den Satan verlässt und mich allein lässt. Ich fühlte mich wie ein kleines Kind und benahm mich auch so. Wo war Gott jetzt? Warum ließ er zu, dass Satan mich angriff?

Der Herr sprach gnädig zu meinem Geist: *"Coby, du musst lernen zu kämpfen, sonst wirst du sterben."* Das war alles, was er zu mir sagte. Er sagte es liebevoll, aber es war ein bisschen wie trainieren. Der Herr beschämte mich nicht mit seinem Ton, aber er warnte mich eindringlich. Gott überführt uns zum Glück ohne Beschämung und ohne Verurteilung.

Monatelang war ich vom Herrn trainiert und gelehrt worden, wie man den Feind bekämpft, aber an diesem Punkt hatte ich meine Wachsamkeit aufgegeben und wieder einmal meinen Gefühlen die Kontrolle über meine Gedanken überlassen. Gott sagte zu mir: *"Hör zu, ich habe dir die Waffen gegeben, um gegen Satan zu kämpfen, und ich habe dich mit der Wahrheit gefüttert, dass ich dich auf unzählige Arten und Weisen liebe; jetzt ist es an der Zeit, dass du für dich selbst einstehst und gegen die Lügen kämpfst. Wem wirst du folgen, Satan oder mir?"*

Nun, es war Zeit für mich, mein Bauchgefühl zu überprüfen. Sollte ich meine Ausbildung fortsetzen oder aufgeben und sterben? Irgendwie schaffte ich es, ein zaghaftes Gebet zu sprechen, um Satan zu widerstehen, aber es schien keine Kraft zu haben, bis ich sagte: *"Im Namen Jesu"*. Nun, es hat funktioniert!

Manchmal ist das Einzige, was wir sagen können, um uns zu verteidigen, den Namen Jesu zu nennen, und das ist wahrscheinlich das

Wichtigste, was wir beten können. Weil ich die Autorität des Namens Jesu benutzte, musste Satan aus meiner Gegenwart verschwinden. Denken Sie einen Augenblick darüber nach. Ich war sehr schwach, aber nur der Name Jesu hat mich gerettet. *"In ihm hält alles zusammen"*.

Rufen Sie Jesus und/oder einen vertrauenswürdigen Freund an, wenn Sie schwach sind und den Angriff des Satans spüren. Lassen Sie sich nicht vom Feind überwältigen. Wir brauchen einander, aber wenn niemand anderes zur Verfügung steht, dann rufen Sie Jesus an. Er WIRD Sie hören und zu Ihnen kommen.

"Denn die Augen des Herrn wandern über die ganze Erde. Er erweist sich als stark an denen, deren Herz ihm gegenüber vollkommen ist." 2 Chronik 16,9.

Ich liebe diesen Vers! Aber lassen Sie sich von dem Teil über das vollkommene Herz nicht abschrecken. In Gottes Augen ist ein vollkommenes Herz das Herz eines Kindes, das seinem Vater all sein kaputtes Spielzeug zum Aufräumen bringt. Die kindliche Unschuld, jemandem zu vertrauen, der älter und weiser ist als wir, vergessen wir mit zunehmendem Alter. Wir werden ermutigt, mit kindlichem Glauben zu Gott zu kommen, egal wie alt wir werden.

Nach zwei Wochen hörte es auf zu regnen, aber es war immer noch zu nass, um zu arbeiten. Einer der Kirchenmänner wusste, dass ich allein zu Hause saß und mich langweilte, also lud er mich ein, mit ihm zu einer Hirschjagd zu gehen.

Mein Freund Phil öffnete sein Handschuhfach und holte eine kleine Handfeuerwaffe heraus. Ich hatte keine Ahnung, wozu er zu diesem Zeitpunkt eine Waffe brauchte, wir waren nur auf der Suche nach Spuren. Wir fanden einige Hirschspuren und beschlossen, dass dies ein guter Platz zum Jagen sei, sobald es etwas trockener sei.

Eine weitere einsame und trostlose Woche verging und am Freitag war es wieder so weit, meine Abwehrkräfte waren gebrochen. Meine tiefen Gefühle der Einsamkeit schienen durch Gottes Güte, Wunder und Visionen nicht vertrieben werden zu können. Ich war kurz davor, in eine tiefe Depression zu fallen, wie ich sie im letzten Jahr erlebt hatte.

Meine Unfähigkeit, mit der Einsamkeit in meinem Herzen umzugehen, überwältigte mich kurz vor Mittag an diesem Freitag. An diesem Punkt entschied ich, dass ich fertig war. Dieses Monster in mir wollte ich nicht mehr bekämpfen. Mein Herz war kurz vor dem Platzen unter dem Druck in meiner Brust, und ich wollte einfach nur, dass der Kampf zu Ende war. Kurz vor einem wichtigen Durchbruch habe ich in meinem Leben mehrmals große Dunkelheit erlebt. Das war ein sehr dunkler Tag für mich.

In diesem Moment erinnerte ich mich an die Pistole von Phil, die im Handschuhfach seines Trucks lag. In diesem Moment überkam mich ein seltsamer Frieden... Es war ein Trost für mich, zu wissen, dass ich einen Weg hatte, den Qualen ein Ende zu setzen, die ich 21 Jahre lang erduldet hatte. Endlich würde ich von diesem Schmerz befreit sein! Ich wusste, dass mein Herz keinen Tag länger die Hölle ertragen konnte, die mein Leben geworden war.

Ruhig ging ich zur Tür meiner Wohnung, um sie zu verlassen. Das Telefon klingelte, als meine Hand die Türklinke berührte. Das Klingeln des Telefons machte mich wütend, denn es riss mich aus der Trance, in der ich mich befand. Nach 3 oder 4 Klingeltönen entschloss ich mich, den Hörer abzunehmen.

Es war mein Freund Dick House, der mich einlud, mit ihm und seinem Sohn Ricky an den See zu fahren. Da ich schon immer ein Freund der Menschen gewesen bin, sagte ich: *"Ja, klar, ich werde mich nach einer Weile mit euch dort treffen. Aber ich wusste nicht, ob ich überhaupt auftauchen würde..."*

Ich stieg in mein Auto und fuhr zu Phil und Patsy, um die Waffe zu holen. Bei meiner Ankunft waren weder Phil noch sein Lieferwagen da, aber ich klingelte trotzdem an der Tür. Patsy öffnete die Tür und bat mich herein. Innerhalb von 15 Sekunden vergoss ich Krokodilstränen an ihrer schönen Hartholztür!

Patsy war überrumpelt, aber ihre bloße Anwesenheit reichte aus, um mich zu beruhigen und zum Reden zu bringen. Ich weiß nicht mehr, was ich zu ihr sagte, aber schließlich sagte ich: *"Es ist in Ordnung. Ich komme schon zurecht. Danke"*. Ich landete mit Dick und Ricky am See, aber ich war ein Zombie! Es war gut, dass Dick kein großer Redner war, denn ich konnte mich zu der Zeit nicht unterhalten. Ich fühlte mich innerlich tot.

Ich war froh, dass ich an diesem Abend irgendwo hingehen konnte, denn wir trafen uns regelmäßig in der Single-Community. Unser Leiter, Gary, war ein gottesfürchtiger Mann, mit dem ich schon oft über mein Leben gesprochen hatte. Nach einer kurzen Ansprache öffnete Gary die Tür für Gebetsanliegen, und ich war die Erste, die die Hand hob.

Ich fing an zu erzählen, aber dann schluchzte ich nur noch: *"Ich brauche Hilfe"*. Gary rief mich in die Mitte des Raumes, alle legten mir die Hände auf und begannen mit dem Gebet. Gary hatte eine Ahnung, was mich bedrückte, und da ich vor lauter Tränen nicht sprechen konnte, begann er laut zu beten.

Irgendwann sagte Gary: *"Coby, ich möchte, dass du mir nachsprichst."* Er begann ein Vergebungsgebet für meine 3 Väter, dem ich folgen konnte, bis er sagte: *"...und ich vergebe meinen Vätern, was sie mir angetan haben..."*. Gary wartete auf meine Wiederholung der Worte, aber ich war einfach nicht in der Lage, sie auszusprechen, ich konnte nur noch mehr weinen. Mein Herz zerbrach unter dem Gewicht der jahrelangen Enttäuschung und des Schmerzes.

Es war ein Gebet, auf dessen Wiederholung ich keine Lust hatte. Ich fühlte mich nicht in der Lage, diesen Idioten zu vergeben, aber zur gleichen Zeit wusste ich, dass ich es tun musste, oder mein Herz würde den Schmerz nicht mehr ertragen können. Gary wiederholte den Text noch einmal und sagte: *"Coby, ich weiß, dass du es kannst, wiederhole einfach die Worte."* *"Und ich vergebe meinen Vätern, was sie mir angetan haben..."* kam nach einigen Sekunden der Stille über meine zitternden Lippen.

Plötzlich, durch all die Tränen und das Weinen hindurch, spürte ich, wie etwas Erstaunliches geschah, körperlich, emotional und spirituell. Das körperliche Gefühl des Fallenlassens der Ketten von meinem Rücken wurde begleitet von einem Gefühl der Freiheit in meinem Geist. Etwas Tiefgreifendes geschah tief in mir.

Wie bei meinem Regenbogenerlebnis fühlte ich die Gegenwart Gottes wie einen weiteren warmen Schauer, der sich über mich ergoss. In diesem Moment sprach Gott sehr deutlich zu mir: *"Coby, lass diese*

Männer gehen. Ich werde von nun an dein Vater sein". Keine Ahnung, wie lange wir alle im Gebet waren, aber ich wollte nicht, dass dieser Moment zu Ende ging. Der Herr der ganzen Schöpfung, der Schöpfer von Himmel und Erde, wollte MIR Vater sein? Ich hatte nie daran gedacht, nicht einmal davon geträumt, dass das möglich sein könnte!

Ich verstand zwar nicht ganz, was da vor sich ging, aber ich wusste, dass sich etwas in mir verändert hatte. Ich spürte, wie eine große Last von mir abfiel. Gott half mir durch Gary, das schwerste Gebet meines Lebens zu sprechen. Das Gebet, das ich laut sprechen musste, damit ich anfangen konnte, von den Wunden der Vergangenheit zu heilen.

Jahre später kann ich aufrichtig sagen, dass eine der Änderungen, die ich erfahren habe, ist, dass ich nie wieder in den Fesseln der Depressivität gefangen bin! Oh, ich hatte die vorübergehenden Rückschläge der Depression, die wir alle von Zeit zu Zeit haben. Aber nichts, was länger als ein oder zwei Tage dauerte. Den Biss der Schlange auf meinem Rücken habe ich bis heute nie wieder gespürt! Danke, Jesus! Danke, Herr, dass du Gary in dieser dunklen Zeit meines Lebens zu meiner Hilfe gebraucht hast.

KAPITEL 11

DIE HEILUNG BEGINNT

Gott sprach oft zu mir in dieser Nacht und in den folgenden Tagen. Wenn ich zurückschaue, sehe ich, dass Gott mich am 18. Dezember 1984 sehr deutlich auf die Angst angesprochen hat. Er sagte: *"Hab niemals Angst, dass ich dich im Stich lasse, dass ich aufhöre, dich zu lieben, oder dass ich aufhöre, mich um dich zu kümmern".* Er sagte, dass ich, wenn ich jemals wieder solche Ängste hätte, Zeit mit Ihm im Gebet verbringen müsse, um zu beginnen, Ihm zu vertrauen.

Er sagte, es würde eine Weile dauern, bis ich Vertrauen zu Ihm entwickeln würde. Aber wenn die Angst auftauche, müsse ich sie im Namen Jesu in ihre Schranken weisen und vertreiben. Er sagte: *"Zieht euch nicht vor der Angst zurück, sondern stellt euch ihr im Namen Jesu und gebt nicht auf, bis sie weg ist."* Dieses Wort gilt für jeden Gläubigen, nicht nur für mich. Wir haben die Autorität, der Angst zu sagen: *"Lass uns in Ruhe, lass uns in Ruhe! Unglaublich!"*

Ich verbrachte viele Gebetszeiten damit, Gott zuzuhören, und er sagte mir immer wieder: "Fürchte dich nicht. Ich liebe dich. Ich bin für dich da. Ich habe gehört, dass Gott in der Bibel genau 365 Mal sagt: *"Fürchte dich nicht."* Das würde mich nicht wundern, denn genau das schien er mir jeden Tag zu sagen.

Als ich das Vergebungsgebet betete, befreite es meinen Geist und meinen Körper. Aber ich musste mich auf den Weg machen, um meine seelischen Wunden zu heilen. Erinnern Sie sich, ich wollte dieses Gebet nicht sprechen. Ich empfand keine Vergebung für meine Väter, aber der Akt des Gehorsams, das laute Aussprechen der Vergebung durchbrach die Festung des Geistes.

"Der Geist eines Mannes wird ihn in der Ungerechtigkeit unterstützen; aber wer kann einen verwundeten Geist ertragen?" Sprüche 18,14

Die körperlichen Manifestationen meiner Bitterkeit nahm der Herr damals gnädig weg. Mein Gebet um Vergebung hat meine Beziehung zu Gott in Ordnung gebracht. Jetzt hat er durch den Heiligen Geist die Erlaubnis erhalten, mit der Heilung meines Geistes und meiner Gefühle zu beginnen. Es gibt geistige Gesetze, die sicherlich auch unsere physische Welt beeinflussen. Wir sehen hier auch, dass es nicht nötig ist, Vergebung zu FÜHLEN, um Vergebung im Reich des Geistes zu erlangen. Wir müssen nur bereit sein zu gehorchen, und dann gibt er uns die Kraft zur Veränderung.

Das ist eine sehr gute Nachricht für Christen! So kann Gott UNSERE Sünden vergeben, während wir noch mit der Sünde kämpfen. Während wir noch mit Leib und Seele sündigen, werden uns durch den Glauben an Jesus unsere Sünden vergeben. Solange wir in diesen menschlichen Kleidern sind, sind wir Sünder, aber durch Jesus hat Gott die Strafe der Sünde und die Macht der Sünde von uns genommen. Unser Geist, der der ewige Teil von uns ist, wird von nun an ewig leben, während unser Körper im Laufe der Zeit zu einem Ort der Abnutzung und des Todes wird.

Gott sei Dank herrscht das Reich des Geistes über das natürliche Reich! Auch wenn wir wissen, dass wir noch sündigen, können wir darauf vertrauen, dass Gott uns liebt und annimmt. Gott sieht unsere Sünde nicht mehr. Er sieht das Blut Jesu, das nun unsere Sünden bedeckt. Wir haben jetzt wieder die richtige Beziehung zu Gott, die Adam und Eva vor ihrer Sünde hatten. Wir können jetzt zu jeder Tages- und Nachtzeit frei mit Gott sprechen.

Wenn wir Jesus um Vergebung unserer Sünden und um Einkehr in unser Herz bitten... Er tut es! Er kommt, um in uns Wohnung zu nehmen. Wir werden zum Tempel des Heiligen Geistes. Vor seinem Tod hat Jesus zu seinen Jüngern gesagt, dass er ihnen den Heiligen Geist senden wird, damit er für immer bei ihnen sei, um sie zu trösten und sie an alles zu erinnern, was er ihnen gesagt hat. Der Vater, der Sohn und der Heilige Geist sind alle Aspekte Gottes, jeder mit seiner eigenen Rolle, aber alle in Einheit tätig zur Erfüllung des großen Plans Gottes.

Es gibt einen Vers im Neuen Testament, der sagt, dass wir leiden, wenn wir nicht mit anderen versöhnen. Ich bin sicher, dass mich meine Unversöhnlichkeit gegenüber meinem Vater gequält hat, so sehr, dass ich Selbstmord begehen wollte. Der Heilungsprozess begann, als ich meinen Stolz ablegte und meinen Vätern vergab.

In dieser Zeit schenkte mir ein guter Freund ein Buch mit dem Titel Hinds Feet on High Places (von Hannah Hurnard). Es zeigte mir einige wichtige Perspektiven zum Thema Selbstvergebung auf. Das Buch ist eine Allegorie über eine Hirschfamilie, die in einem Tal nahe hoher Berge lebte. Die Hauptfigur war Much Afraid, sie war das kleinste Mitglied ihrer Familie, der Familie der Fearings, und war ein bisschen ein Krüppel.

Ich konnte mich sofort mit dieser Figur identifizieren und wurde süchtig nach dem Lesen dieses Buches. Dieses Buch war ein Geschenk Gottes, denn es half mir zu verstehen, was Gott in meinem Herzen in dieser Zeit meines Lebens tat. Ich danke Ihnen, Vanessa, dass Sie auf den Herrn gehört haben und dass Sie bereit waren, mir dieses Buch zu geben. Ich liebe es, wie Gott andere Menschen gebraucht, um uns auf unserem Weg zu helfen.

Die verkrüppelte Hirschkuh Much Afraid war in den Niederungen des Tals gefangen, wo Raubtiere die schwächeren Tiere leicht angreifen und fressen konnten. Der Gute Hirte lud sie zu einem Aufstieg auf die

Anhöhen ein, wo er zu Hause war und sie vor Kojoten und anderen Raubtieren sicher war. Sie war überzeugt, dass sie diese Reise niemals machen könnte, aufgrund ihrer eigenen Ängste und der negativen Einstellung ihrer Familie.

Mich faszinierten die Gefährten, die der Gute Hirte Much Afraid versprach, um ihr auf der Reise zu helfen. Much Afraid war glücklich, dass sie zwei Gefährten hatte, die ihr auf der Reise halfen, und ich war sehr neugierig, wer sie waren. Ich wusste, dass ihre Gefährten von nun an auch meine Gefährten auf meiner eigenen Reise zu den Hohen Stätten des Herrn sein würden.

Ich blätterte weiter. Ich las von zwei großen, bedrohlichen Gestalten in Holocaust-Mänteln. Das war nicht das, was ich erwartet hatte, aber ich las weiter. Die Gefährten, die der Gute Hirte geschickt hatte, um ihr (und mir) zu helfen, waren keine anderen denn Kummer und Trauer! Ich hatte Tränen in den Augen, als ich die Seiten dieses schrecklichen Buches las!

"NEIN! Warum mussten es gerade DIESE sein?" fragte ich Gott. Hatte ich nicht schon genug Kummer und Leid in meinem Leben? Und jetzt hat Gott diese Typen auserwählt, um mich wieder zu verfolgen? Ich wusste nicht, ob ich dieses schreckliche Buch weiter lesen wollte. Wie diese beiden Männer ihr oder mir auf ihrem Weg helfen sollten, konnte ich mir damals nicht vorstellen.

Wie wir an den dunkelsten Zeiten und den größten Herausforderungen unseres Lebens wachsen und daraus lernen können, beschreibt Hannah Hurnard sehr detailliert. Ich habe das ganze Buch gelesen und es war wunderbar! Ich kann es nur empfehlen.

Über die Vorteile, sich den Sorgen und Nöten unseres Lebens zu stellen, anstatt davor wegzulaufen, werde ich sicher noch mehr sprechen. In diesem Leben gibt es kein Entkommen vor Schmerz und Enttäuschung, also ist es genauso gut, dass wir lernen, wie dass wir Nutzen daraus ziehen können. Ich werde kurz beschreiben, wie ich mit meinem Schmerz umgegangen bin.

Die meisten von uns wollen Schmerzen möglichst aus dem Weg gehen, aber genauso wie wir eine Schnittverletzung am Arm versorgen, müssen wir auch mit seelischen Verletzungen umgehen. In der Tat finde ich es ermutigend, dass wir mehr und mehr bereit sind, über emotionale und mentale Probleme wie Trauma und posttraumatische Belastungsstörungen zu sprechen. Endlich verlassen wir die beschämende Taktik, den Menschen zu sagen: *"Komm drüber weg!"*

Als ich über die vielen Probleme in meiner Kindheit sprach, wurde ich manchmal von Pfarrern beschämt, weil ich den Leuten sagte, dass ich eine schwere Zeit durchmachte. Die meisten Menschen, die das durchmachen, was ich als Kind durchgemacht habe, schaffen es nicht einmal. Sie enden als Alkoholiker oder Drogenabhängige und sterben ohne den Herrn.

Mich meinen Ängsten zu stellen und um Hilfe zu bitten, hat mich viel Mut gekostet. Ich bin froh, dass Gott mir zur richtigen Zeit die richtigen Menschen zur Seite gestellt hat, um mir bei der Überwindung meiner Gebrochenheit zu helfen. Leider ist es ein großer Irrtum zu glauben, dass es einem Christen an Glauben mangelt oder dass er in der Sünde gefangen ist, wenn er in einer Zeit der Selbstkasteiung ist. Gott benutzt Zeiten der Selbstkasteiung, um uns auf ein Problem aufmerksam zu machen, das er heilen möchte. Wir werden umso suffer, je länger wir davor weglaufen.

Für diejenigen, die in die Kirche gehen und echte Hilfe für echte Probleme suchen, ist das ein großes Problem. Gott stört sich nicht nur nicht an unseren Unzulänglichkeiten, sondern das ist sogar der Weg, den er zur Lehre, zur Heilung und zur Erweiterung unseres Verständnisses von ihm benutzt. Durch unsere menschlichen Schwächen wird er für uns wirklich. Unser Schmerz soll nur so lange andauern, bis wir die Lüge erkennen, an die wir geglaubt haben und die uns in den Schmerz geführt hat. Unser Schmerz soll uns zum Vater führen auf der Suche nach Hilfe und nach der Wahrheit, nach der Korrektur unserer Überzeugungen.

Dies ist ein guter Zeitpunkt, um Klarheit zu schaffen. Wir fragen: *"Wenn meine Sünden vergeben sind, warum scheint es dann, dass Gott mich bestraft?"* Unsere Sünden SIND vergeben, wenn wir unser Herz dem Herrn übergeben. Aber wir haben immer noch falsche Überzeugungen, die unsere Seelen daran hindern, die Wahrheit der Liebe Gottes zu erkennen.

Er erlaubt uns, dass unsere falschen Überzeugungen gerade so weit reichen, dass wir das Problem, das in unserem Herzen vergraben ist, angehen. Wenn uns die Wahrheit frei macht, dann hält uns der Glaube an die Lüge in Knechtschaft. Unser Geist wurde versiegelt, um erlöst zu werden, aber unsere Gedanken, Gefühle und Überzeugungen müssen zu unserem eigenen Wohl korrigiert werden. Er liebt uns genug, um unsere schädlichen Überzeugungen zu korrigieren. Er bestraft uns nicht, auch wenn es so scheinen mag.

Einige Kirchen bieten jetzt Trauerarbeit, AA-Kurse, NA-Kurse und Scheidungshilfe für die Gemeinde an. Aber es kann schwierig sein, das Mitgefühl von Christen zu finden, die unseren besonderen Schmerz nicht erlebt haben. Erinnern wir uns daran, dass die Kirche ein Ort für gebrochene Menschen auf der Suche nach ihren eigenen Antworten ist. Wir können also nicht von Menschen Vollkommenheit erwarten, sondern nur von Jesus.

Erst letzte Woche hatte ich ein Gespräch mit einem Mann, der mir erzählte, dass seine Familie wegen der Scheidung seiner Eltern zum Austritt aus der Kirche aufgefordert worden sei. Wozu ist die Kirche da, wenn nicht, um den Menschen zu helfen, gesund zu werden, und nicht, um sie in ihrer Not abzuweisen. Das muss aufhören. Es betrübt das Herz Gottes selbst.

Die Zeit ist gekommen, die Wahrheit darüber auszusprechen, warum Gott es zulässt, dass Christen sündig sind. Erstens: Christen und Nichtchristen sind sich darin einig, dass auch wir ungesunde und unkluge Entscheidungen in Bezug auf unseren Lebensstil treffen. Was wir essen und trinken, ist eine direkte Quelle des Egoismus. Unsere Nahrung enthält so viel Zucker, dass es unglaublich ist!

Unsere Nahrung enthält chemische Verbindungen, die unseren Körper in rasender Geschwindigkeit zerstören. Viele Menschen sind oft nur wegen der enormen Mengen an Zucker, die sie zu sich nehmen, gereizt. Das ist eine der Hauptursachen für Krebs, der unseren Körper angreift. Wir neigen dazu, Gott zu fragen, warum er es zugelassen hat, dass wir Krebs bekommen. Es ist nicht seine Schuld, aber er liebt es, Menschen von Krebs zu heilen.

Wir machen auch Schulden durch die Jagd nach dem schnellen Geld, durch unkluge Investitionen, durch das Versäumnis, den Zehnten zu geben (ich weiß, das ist ein heikles Thema) und durch den Kauf von Luxusgütern auf Kredit. Weil wir mit unseren Nachbarn mithalten wollen, üben wir uns nicht in Geduld oder Weisheit in unseren finanziellen Angelegenheiten.

Das 10. Gebot lautet: *"Begehre nicht, was dein Nächster hat. Arbeiten Sie hart, sparen Sie Ihr Geld und bezahlen Sie Autos, Möbel usw. so viel wie möglich bar. Häuser sind eine bessere Kreditanlage, da sie im Laufe der Jahre zumindest an Wert gewinnen."*

Aus politischen Gründen, wegen Regeln und Vorschriften und wegen unserer Anfälligkeit für die ständig wachsende Zahl von Betrügereien suffen wir mit anderen Menschen. Durch die Rückkehr zum Gebet und die Anerkennung Gottes in allen Dingen können wir unkluge Entscheidungen vermeiden, die unseren eigenen Untergang zur Folge haben. Dies ist einer der praktischsten und kraftvollsten Abschnitte der Bibel.

"Vertraue auf den Herrn von ganzem Herzen. Verlasse dich nicht auf deinen Verstand, sondern erkenne ihn in allen deinen Wegen, und er wird dich leiten." Sprüche 3:5-6

Was in der Theorie so einfach klingt, kann sich in der Praxis als schwierig erweisen, denn wir glauben zu wissen, was das Beste für uns ist. Auch hier ist unsere menschliche Natur egoistisch und unklug. Aber wenn wir nur den Herrn in unsere Entscheidungen einbeziehen, wird er uns nie in die Irre führen.

Vor etwa einem Jahr hatte ich ein Auge auf ein cooles Muscle Car aus den 70er Jahren geworfen. Es wurde für 35.000 Dollar verkauft. Ich fragte den Herrn, ob ich es kaufen könnte, denn ich hatte das Geld und so gut wie keine Schulden. Er sagte: *"Sicher. Sie haben das Geld, Sie können kaufen, was Sie wollen, aber sind Sie sicher, dass Sie dieses Auto wirklich wollen?"* Er sprach so freundlich.

Als ich darüber nachdachte, was für ein Sportwagen für mich ideal wäre, kam ich zu dem Schluss, dass ich entweder einen Mustang oder einen Camaro haben wollte, und so lehnte ich das Auto ab. Ein oder zwei Wochen später stöberte ich auf Craigslist und fand einen 2006er Mustang. Er war blau mit weißen Rennstreifen, hatte 79 Meilen auf dem Tacho und kostete ein Viertel des Preises des anderen Wagens! Ich kaufte ihn sofort und bekomme jetzt überall Komplimente, wo ich ihn fahre.

Wir werden sehen, wie gütig und gnädig er ist, uns mit guten Dingen zu segnen, wenn wir Gott in unsere täglichen Entscheidungen einbeziehen. Unser Vater liebt uns und möchte, dass wir unser Leben genießen. Aber er möchte in unsere Entscheidungen einbezogen werden, damit er uns mit dem segnen kann, was unser Herz begehrt.

Nun zu einem ernsteren Thema... das Klagen über die Sünden anderer. Der Jakobusbrief drückt es so aus

"Seid fröhlich, meine Brüder, wenn ihr in mancherlei Bedrängnis gerät, denn ihr wisst, dass die Prüfung eures Glaubens Ausdauer hervorbringt. Die Standhaftigkeit soll euer Werk vollenden, damit ihr reif und vollkommen werdet und es euch an nichts mangelt." Jakobus 1,2-4

Vor Jahren klagte ich Gott, dass einige Mitglieder unserer Großfamilie meine Frau und mich abzulehnen schienen. Wir erkundigten uns eifrig nach ihrem Leben und nach ihrem Befinden, aber wir bekamen selten die gleiche Art von Freundlichkeit zurück. Der Herr sagte mir sehr deutlich: *"Nehmen Sie es nicht persönlich. Sie wissen nicht, warum sie sich so verhalten, vielleicht durchleben sie etwas, das sie verschließt. Ich wusste diesen Rat zu schätzen."*

Wir suffen uns unnötig, wenn wir erwarten, dass die Menschen uns so gut behandeln, wie wir sie behandeln. Unsere Erwartungen an sie, wenn sie nicht erfüllt werden, führen dazu, dass wir uns alle möglichen bösen Gedanken ausmalen, die uns quälen. Lieber nehmen wir das, was sie uns geben, und danken ihnen, als etwas zu erwarten, was sie nicht geben wollen oder dürfen. Und hier ist ein weiterer Irrglaube, der uns quält.

Wir sind nicht weise, wenn wir sagen: *"Dieser Mensch hat mir ein schlechtes Gefühl gegeben"*. Wir sind nicht weise, wenn wir sagen: *"Dieser Mensch hat mir ein schlechtes Gefühl gegeben"*. Ich werde hier nicht schweigen, weil es mir sehr geholfen hat, das zu sagen, und ich möchte, dass Sie das verstehen. Sie haben sich schon vorher so gefühlt, wenn die Handlung einer Person eine emotionale Reaktion ausgelöst hat. Die Handlung war nicht der Grund dafür, dass Sie sich so fühlten, sie war nur eine Erinnerung daran, dass Sie im Grunde Ihres Herzens schon so fühlten. Hier ist ein Beispiel.

Als ich heute einen Weg in einem Park entlang ging, überholte ich mehrere Menschen, die in meine Richtung kamen. Nur eine Person bemerkte meine Anwesenheit überhaupt nicht. Ich war versucht zu denken, dass sie mich als Person ablehnen, aber dieses Gefühl hat sich nicht in meinem Kopf festgesetzt. Dass mich jemand wegen meines Aussehens oder meines Verhaltens ablehnt, nehme ich nicht mehr an.

Ich weiß, dass die meisten Menschen Angst davor haben, fremden Menschen in die Augen zu schauen, und das hat nichts mit mir zu tun. Wenn ich das Gefühl hatte, abgelehnt zu werden, weil sie so handelten, dann erinnerte mich das nur daran, dass ich in meinem Herzen schon aus einem anderen Grund abgelehnt wurde.

In meinem Herzen gab es damals viele Auslöser für verletzende Gefühle. Der Herr half mir beim Erkennen der Muster von Gedanken und Gefühlen, die mir ein schlechtes Gewissen machten. Der Herr zeigte mir, wenn ich ein Gefühl der Angst, des Verlassenseins usw. verspürte, woher dieses Gefühl kam. Manchmal tauchten zum Beispiel bestimmte Erinnerungen aus meiner Kindheit in meinem Kopf auf, die mich an schlechte Gefühle erinnerten. Wenn das der Fall war, fragte ich Gott: *"Welche Lüge habe ich aus dieser Erfahrung übernommen?"*

Eine Erinnerung war, wie ich als Achtjähriger an einem Freitagabend aus dem Fenster schaute. Mein zukünftiger Stiefvater hatte mir versprochen, dass er mich an diesem Abend zu einem Rennen mitnehmen würde, aber er kam nicht. An diesem Abend schaute ich zwei bis drei Stunden lang alle fünf Minuten aus dem Fenster, in der Hoffnung, dass er kommen würde. Er hatte mich vergessen und entschuldigte sich später wenig überzeugend. Diese Erinnerung verfolgte mich jahrelang und führte dazu, dass ich mich von Männern abgelehnt und verlassen fühlte. Ich hatte das Gefühl, meine Väter würden sich nie für mich interessieren.

In dieser Zeit der Wiederherstellung wurden mir andere Erinnerungen durch den Heiligen Geist geschenkt. Manchmal sah ich, wie Jesus in diesen Erinnerungen auftauchte und die Lüge, die ich geglaubt hatte, umkehrte. Manchmal erlaubte mir der Herr den Zugang zu einer Erinnerung als Erwachsener und den Trost für mein kindliches Ich in dieser Erinnerung.

Auf diese Weise hatte die Konfrontation mit den Erinnerungen, die mich traurig gemacht hatten, eine positive Wirkung auf mich. So führen uns unsere Sorgen und Nöte letztlich zu Heilung und Kraft. Wenn ich auf meine Gefühle hörte, stellte ich Fragen zu diesen Erinnerungen. In diesem Moment würde der Heilige Geist die Lüge entlarven und die Wahrheit über die Sache ans Licht bringen. Es ist wirklich so einfach, unsere Gefühle zu heilen. Die größte Herausforderung besteht darin, auf unser Herz zu hören.

Kurz nachdem wir nach Lubbock gezogen waren, erinnere ich mich auch an eine Kindertagesstätte. Zwei Kinder, die mit mir am Tisch saßen, waren sehr gemein zu mir, während wir in unseren Malbüchern malten. Eines der Kinder riss mir den Bleistift aus der Hand. Dabei hatte es so viele andere zur Auswahl. Ich fühlte mich sehr unwillkommen in diesem Haus.

Der Herr hat mir gesagt, dass er die Ablehnung, die ich von diesen Kindern erfahren habe, am Ende zum Guten gebraucht hat. Ich hatte immer Mitleid mit jedem Neuankömmling in der Gruppe, der ich angehörte. Ich mache regelmäßig einen Umweg, um jemanden willkommen zu heißen, der neu in unserer Gruppe ist. Der Herr sagte mir, dass der Vorfall im Kindergarten mein Mitgefühl für Neuankömmlinge geweckt hat, und das ist gut so. Wenn wir uns unseren eigenen Fehlern stellen und daraus lernen, entsteht Mitgefühl für andere, die auch Fehler machen.

Ich schließe dieses Thema der Selbstkasteiung mit einigen Schriftstellen.

"Liebe Freunde, wundert euch nicht über die schmerzliche Prüfung, die ihr erduldet, als wäre euch etwas Seltsames widerfahren. Freut euch vielmehr, dass ihr teilhabt an den Leiden Christi, damit ihr euch freuen könnt, wenn seine Herrlichkeit offenbar wird." I. Petrus 4,12-13

"So demütigt euch nun unter die gewaltige Hand Gottes, damit er euch zu seiner Zeit erhebe. Alle eure Sorge werft auf ihn, denn er sorgt für euch."

"Und der Gott aller Gnade, der euch berufen hat zu seiner ewigen Herrlichkeit in Christus, der wird euch, nachdem ihr eine kleine Weile gesündigt habt, wieder aufrichten und euch stark und fest und unerschütterlich machen." Petrus 5,6-7 und 10

KAPITEL 12

DIE EHEJAHRE

Um mein Studium an der Texas Tech abzuschließen, beschloss ich im Januar 1985, nach Lubbock zurückzukehren. Der Abschied von den wunderbaren Menschen in Palästina, die mir auf meinem Heilungsweg so sehr geholfen hatten, fiel mir schwer. In diesem Jahr hatte sich so viel in mir verändert, vor allem hatte sich mein Herz wieder für den Herrn geöffnet. Bei meiner Rückkehr nach Lubbock war die Umgebung dieselbe, aber ich war ein ganz anderer Mensch. Wieder war ich aufgeregt über meine Zukunft und was sie bringen würde.

Es braucht sicherlich Mut, sich seinen Ängsten zu stellen und zuzugeben, dass das Herz gebrochen ist, aber es fühlte sich so viel besser an, Gottes Nähe zu spüren, als sich emotional zu quälen. In dieser Zeit habe ich viel gebetet und in der Bibel gelesen. Ich habe meinen alten Job bei dem Händler für Wohnmobile wieder bekommen und ich habe mich auch wieder in der Schule angemeldet.

Damals joggte ich regelmäßig nach dem Abendessen in einem nahegelegenen Park und betete auf dem Heimweg. In dieser Zeit hatte ich einige großartige Gespräche mit dem Herrn. Ich lernte das Hören auf den Heiligen Geist, der in diesen Momenten zu mir sprach.

Als ich den Herrn eines Abends fragte, was er mit meinem Leben vorhabe, hörte ich ihn ganz deutlich. Er gab mir ein prophetisches Wort über 3 Dinge, die ich in meinem Leben tun würde. Er sagte, dass ich noch in meinem Leben mein eigenes Geschäft leiten würde. Ich würde ein Buch schreiben und er würde mich gebrauchen, um Menschen, die in Beziehungen verletzt wurden, seine Liebe und Annahme zu geben. Ich fand das sehr interessant, aber ich behielt diese Dinge vorerst für mich.

Ich kündigte meinen Job beim Wohnmobilhändler und gründete 1985 eine Landschaftsbaufirma, um mein Studium zu finanzieren. Als ich im Dezember 1992 mein Studium an der Texas Tech abschloss, verdiente ich bereits das Vierfache dessen, was ich an der Universität verdient hätte. Ich habe mich gerade nach 37 wunderbaren und sehr profitablen Jahren aus meiner Landschaftsbaufirma zurückgezogen!

Ich habe immer mehr Vertrauen in den Herrn gefasst, während ich mein Universitätsstudium absolvierte und gleichzeitig mein Landschaftsbauunternehmen gründete. Da ich mein Studium selbst bezahlte und zwischen den Semestern immer wieder anfing und aufhörte, dauerte es 11 Jahre bis zu meinem Abschluss. Ich bin dem Herrn dankbar, dass er mir geholfen hat, der erste Hochschulabsolvent in meiner Familie zu werden, soweit ich mich erinnern kann. Das war für mich eine große Leistung, die mich dazu brachte, an mich zu glauben und auf die Güte Gottes zu vertrauen.

Während meines Studiums erfuhr ich von einem Cousin meines Vaters, dass meine Urgroßmutter eine vollblütige Choctaw-Indianerin war. Als wir nach Oklahoma zogen, waren meine Schwestern und ich die letzte Generation, die in den Genuss staatlicher Vergünstigungen kam, darunter ein kostenloses College und ein kostenloses Haus. Ich hätte mein gesamtes Studium vom Staat bezahlen lassen können! Hätte ich das nur zehn Jahre früher gewusst, aber Gott war treu und half mir bei der Finanzierung meines Studiums.

Während ich studierte, lernte ich eine junge Frau aus der Gemeinde kennen und wir heirateten ein Jahr nach meinem Abschluss. Da ich kein Vorbild hatte, wie eine gute Ehe aussehen sollte, habe ich mich einfach darauf eingelassen, hart zu arbeiten und alle Bedürfnisse meiner Frau zu erfüllen. Ich musste ihr beweisen, dass ich ein guter Mann und Ehemann bin. Mein ganzes Leben lang war ich ein Menschenfreund gewesen. Ich dachte, ich wäre der Herausforderung gewachsen.

Ich wusste nur, dass ich eine sichere, liebevolle und glückliche Ehe wollte, ohne Geschrei und Streit. Ich konnte es kaum erwarten, Vater zu werden, und nach fünf Jahren Ehe erfuhren wir, dass wir im Begriff waren, Vater unseres ersten Kindes zu werden. Ich war sogar bei der Geburt unseres ersten Kindes, unseres Sohnes Jacob, dabei.

Ich war überglücklich, einen Sohn zu haben, denn ich war der einzige Junge in meiner Familie mit zwei Schwestern, zwei Stief- und zwei Halbschwestern! Zwei Jahre später wurde ein weiterer Sohn, Aaron, Teil unserer Familie und zwei Jahre später kam unsere einzige Tochter, Macy, zur Welt.

Wie erwartet, liebte ich es, Vater meiner 3 Kinder zu sein! Die Verantwortung, mich um meine Familie zu kümmern, war der Nervenkitzel meines Lebens. Vor der Geburt meiner Kinder spielte ich Golf, Basketball in der Stadtliga, Fußball, Softball und Volleyball, aber viele dieser Aktivitäten hörten mit jedem neuen Kind auf. Aber das war mir egal. Dafür war ich geschaffen, und es war sehr erfüllend, ihr Vater zu sein.

Eine der Segnungen, Ehemann und Vater zu sein, war es, ein neues Verständnis von Gott zu entwickeln. Die Liebe, die ich für meine Kinder empfand, half mir, Gottes Gnade für mich zu verstehen. Ich begann, Gott als meinen Vater zu sehen. Diese Bibelstelle zeigt, wie Gott möchte, dass wir über ihn denken.

"Wie gern würde ich euch als meine Söhne behandeln und euch ein begehrenswertes Land geben, das schönste Erbe aller Völker. Ich dachte, ihr würdet mich Vater nennen und euch nicht abwenden, mir nachzufolgen."
Jeremia 3,19

An meiner Liebe zu ihnen änderte das Wechseln der Windeln und das Aufräumen ihrer Unordnung nichts. Diese Kinder gehörten mir, und ich hatte nichts als Liebe für sie. So verstand ich auch, wie Gott mich trotz all meiner Unordnung lieben konnte. Mein Verständnis von Gott als Vater half mir, mein Herz in vielerlei Hinsicht zu heilen.

Leider wurde das Leben immer stressiger, je mehr Kinder wir bekamen. Als die Kinder klein waren, arbeitete ich manchmal 12 Stunden am Tag. Meine Frau arbeitete 4-5 Tage die Woche als Krankenschwester. Meine Frau und ich begannen uns zu entfremden, als die Bedürfnisse der Kinder größer wurden als unsere eigenen. Wir stellten die Bedürfnisse unserer Kinder über unsere Beziehung, und das war ein großer Fehler. Wir waren beide mittlere Kinder und neigten beide dazu, unsere eigenen Bedürfnisse nicht zu äußern, und der Stress begann, uns auseinander zu treiben.

Was den Stress für meine Frau noch verstärkte, war mein Wunsch, in den Dienst einzutreten. Seit ich 16 Jahre alt war, hatte ich mich in irgendeiner Form in der Gemeindearbeit engagiert, und das war ein wichtiger Teil meines Lebens. Meine Frau war nicht so sehr an der Arbeit interessiert, was sich auf unser Zusammengehörigkeitsgefühl auswirkte. Ich hätte mir gewünscht, dass sie sich meinen spirituellen Leidenschaften anschließt, aber das war im Gegenteil der Grund für unsere Trennung.

Als ich 40 wurde, beschlossen wir, dass ich einen Immobilien-Kurs belegen sollte, den wir im Fernsehen gesehen hatten. So begann ich in den Wintermonaten, wenn mein Geschäft als Landschaftsgärtner nicht so gut lief, Häuser zu verkaufen, um unser Einkommen aufzubessern. Da wir beide einen Universitätsabschluss hatten, wollten wir, dass unsere Kinder auch studieren konnten, und das kostet Geld!

Zuerst konnte ich einige Häuser verkaufen, aber dann blieb ich an einem Haus hängen, das sich nicht verkaufen ließ. Plötzlich musste ich zwei Raten für das Haus zahlen und weitere 1.000 Dollar im Monat. Ich fuhr fort, den Zehnten meines Einkommens an die Gemeinde zu geben, so dass der Herr sich in treuer Weise um all unsere finanziellen Bedürfnisse kümmerte.

Durch verzweifelte Gebete sagte mir der Herr, dass er eine andere Bestimmung für dieses Haus habe und dass ich es für eine

Weile vermieten solle. Diese Bestimmung sollte sich 17 Jahre später erfüllen. Als Vermieter hörte ich alle möglichen Lügen darüber, warum meine Mieter ihre Miete nicht pünktlich zahlten. Ich war nicht gerne Vermieter, aber ich wurde durchsetzungsfähiger im Umgang mit Menschen, und das war gut für mich. Im Jahr 2011 bauten wir das Haus, von dem meine Frau immer geträumt hatte - auf dem Land, auf einem Grundstück von einem Hektar, umgeben von Baumwollfeldern. Wir beauftragten einen Bauunternehmer mit dem Rohbau und dem Ausbau der Eingangstür, aber eigentlich habe ich den riesigen Keller ausgebaut und auf dem Dachboden ein zusätzliches Schlafzimmer eingerichtet. Außerdem baute ich mit Hilfe eines Helfers eine 1200 Quadratmeter große Scheune.

Als alles fertig war, dachte ich: *"Jetzt wird meine Frau mich vielleicht respektieren"*. Als ich die Eltern meiner Frau zum ersten Mal traf, sah ich, wie wohlhabend sie waren, und am Anfang hatte ich ein bisschen Angst vor ihnen. Ich wusste, dass ich viel Geld verdienen müsste, um sie zu beeindrucken, wenn ich sie heiraten würde. Es schien ihr nie genug zu sein, obwohl unser Vermögen auf über eine Million angewachsen war.

Ein Mann wird sich buchstäblich aufreiben, um die Bedürfnisse der Familie, die er liebt, zu befriedigen, und alles, was er dafür erwartet, ist ein Dankeschön. Ich habe nie hohe Ansprüche an meine Frau gestellt; ich war zu sehr damit beschäftigt, es allen anderen recht zu machen und ein guter Ehemann, ein guter Vater, ein guter Versorger und ein guter Christ zu sein. Von Kindheit an hatte ich gelernt, anderen nicht zur Last zu fallen und meine Bedürfnisse nicht zu verleugnen.

Zu dieser Zeit war ich aktiver Diakon in der größten Kirche in Lubbock, hatte zwei Jobs, half beim Training der Sportmannschaften unserer Kinder und betrieb einen Verkaufsstand bei den Fußballspielen am Freitagabend, um die Kosten für Jacobs Band zu decken. Ich hatte viel zu tun, aber es war wenigstens eine gute Arbeit. Obwohl das meine Frau nicht zu beeindrucken schien, hatte ich viel Erfolg. Sie feierte meine Erfolge nur selten.

Eines Tages, als ich gerade ein großes Projekt abgeschlossen hatte, begann sie, statt mich zu feiern, zwei andere Männer für ihre Erfolge zu loben. Das ist nicht in Ordnung. Beim Umzug in unser

Traumhaus stellte ich fest, dass alle meine vielen Sporttrophäen bis auf eine verschwunden waren. Sie hatte sie weggeworfen!

Wir hatten beide ein gewisses Maß an Kindesmissbrauch erlebt, aber die Auswirkungen waren unterschiedlich. Wir waren beide co-abhängig, aber an entgegengesetzten Enden des Spektrums. Einer von uns war der Gebende, der andere der Nehmende. Derjenige, der gab, hatte keine gesunden Grenzen, und derjenige, der nahm, hatte starre Grenzen. Bis zu dem Tag, an dem ich aufwachte und merkte, dass ich ausgenutzt wurde, funktionierte diese Dynamik findlich.

Da ich mit Missbrauch aufgewachsen bin, habe ich es einfach zugelassen, dass ich in meinem Leben von vielen Menschen missbraucht wurde. 55 Jahre meines Lebens hatte ich keine Ahnung, was eine gesunde Grenze ist. Ich wusste nicht, wie ich für meine Bedürfnisse einstehen oder mir überhaupt erlauben sollte, Bedürfnisse zu haben. Ich war so enttäuscht, dass meine Wünsche nicht erfüllt wurden, dass ich sie einfach unterdrückt habe.

Ich kann mir gut vorstellen, was diesen Sinneswandel ausgelöst hat. Im Jahr 2009 veröffentlichte ich mein erstes Buch *"God Hasn't Forgotten You"* und begann, mein Zeugnis in Gemeinden und vor Jugendgruppen zu geben. Zur gleichen Zeit wurde meine Frau Opfer eines Betrugs am Arbeitsplatz, verlor ihre einflussreiche Position und wurde degradiert. Sie war am Boden zerstört und es ärgerte sie sehr, dass sie sich in dieser Zeit mein Zeugnis anhören musste.

Bald darauf bat mich ein langjähriger Freund, ihm als Pastor in seiner kleinen Gemeinde in Lubbock zu helfen, und ich sagte gerne zu, aber sie wollte das nicht. Sie war nicht bereit, unsere einflussreiche Position in der größten Gemeinde in Lubbock aufzugeben, um sich selbst zu demütigen und in einer der kleinsten Gemeinden zu dienen. Es war ein Traum für mich, aber leider ein Alptraum für sie. Sie wuchs in einer Familie auf, in der nie über persönliche Probleme gesprochen wurde. So wurde sie darauf programmiert, emotional offene Menschen wie mich abzuwerten.

Mein ganzes Erwachsenenleben lang habe ich gesagt: *"Ich werde mich nie scheiden lassen. Das werde ich meinen Kindern nie antun"*. Wenn ich daran denke, wie schwer es für mich als Kind war, drei Scheidungen durchzumachen, und wenn ich in der Kirche immer hörte, dass Scheidung eine unverzeihliche Sünde sei, dann blieb ich viel länger in einer unausgeglichenen Ehe, als ich hätte bleiben sollen.

Aber immerhin war ich für die Erziehung meiner Kinder in den entscheidenden Jahren ihres Lebens da. Manchmal sind die Dinge nicht in Ordnung, und dann ist das Gehen besser als das Verbleiben in einer vergifteten Beziehung. Es gäbe noch so viel zu sagen, aber zum Wohle meiner Kinder werde ich darauf verzichten.

Ich würde nie jemandem raten, seine Ehe aufzulösen, aber ich ermutige zu ziviler Konfrontation und dazu, gesunde Grenzen zu setzen, um zu sehen, wie er oder sie reagiert. Missbrauch nicht einfach hinnehmen. Das Einzige, was Gott noch mehr hasst als eine Scheidung, ist, wenn seine Kinder ständig missbraucht werden. In 2. Timotheus 3,1-5 heißt es.

"Aber bedenke dies: In den letzten Tagen werden schreckliche Zeiten sein. Die Menschen werden selbstsüchtig sein, geldgierig, prahlerisch, hochmütig, verletzend, ungehorsam, undankbar, gottlos, lieblos, unversöhnlich, verleumderisch, unbeherrscht, brutal, das Gute nicht liebend, verräterisch, leichtsinnig, anmaßend, vergnügungssüchtig und nicht gottesfürchtig. Habt nichts mit ihnen zu tun."

Das ist eine ziemlich harte Stelle in der Schrift, aber der Herr meint es sehr ernst. Er ist der Beschützer derer, die er liebt. Es ist ihm lieber, dass du einer schlechten Beziehung entkommst, als dass deine Seele von eifersüchtigen Menschen zerstört wird, selbst wenn sie zu deiner eigenen Familie gehören.

Meine Kinder haben die Misshandlungen, die ich hinter verschlossenen Türen ertragen musste, nicht gesehen. Deshalb haben sie den Respekt vor mir verloren und die Lügen geglaubt, ich sei egoistisch und gefühllos. Meine Kinder hörten auf, wie Tausende anderer Männer und Frauen, die es wagen, eine missbräuchliche Beziehung zu verlassen, auf meine Anrufe, SMS, Briefe und Geschenke zu reagieren.

Es gibt keinen Grund, einen Ex-Partner nach einer Scheidung zu zerstören. Gehen Sie einfach Ihren eigenen Weg und finden Sie Ihren Frieden, aber zerstören Sie nicht das Leben unschuldiger Menschen und reißen Sie nicht die Kinder von ihren liebenden Eltern weg. Drei Jahre lang trauerte ich um meine Kinder. Ich weinte ein Meer von Tränen um sie. Der Herr war mir in diesen Tagen sehr nahe und bestätigte mir sein Wort, das er mir gesagt hatte

"Er ist nahe denen, die zerbrochenen Herzens sind, und stärkt, die im Geiste zerschlagen sind." Psalm 34,18

Diese Jahre der Trauer und der Gewissenserforschung waren einsam und schmerzhaft. Ich musste mir Vorwürfe machen, von Menschen, die ich liebte, vom Teufel und von mir selbst. Menschen, die ich für meine Freunde hielt, wandten sich von mir ab. In solchen Zeiten findet man heraus, wer seine Freunde sind. Ich war im Grunde von allem, was ich kannte, isoliert, außer von meiner Arbeit und meinem Gott. Statt eine führende Rolle in der Gemeinde zu spielen, saß ich allein in der Kirche und wurde von den meisten gemieden.

Ich nahm meine Situation auf die leichte Schulter, indem ich sagte, der Teufel sei der Meinung, mein Name sei Hiob und nicht Cobe, wie mich meine engsten Freunde nannten. Auf jeden Fall identifizierte ich mich mit Hiob, denn ich hatte in so kurzer Zeit so viel verloren: meine Ehe, meine Kinder, meine Gesundheit, meine Kirche, meine Freunde und Dutzende von Schwiegereltern, die ich liebte.

Der Herr schickte mir einen großartigen Freund, der in einer ähnlichen Situation war wie ich. Greg und ich besuchten verschiedene Gemeinden in der Stadt, um herauszufinden, welche den Bedürfnissen alleinstehender älterer Männer entsprach. Zu dieser Zeit arbeitete Greg sogar einen Teil der Zeit mit mir zusammen, und es war eine Freundschaft, wie sie von Gott gewollt war. Wir haben über viele Themen gesprochen und füreinander gebetet, um Heilung von Kindheitstraumata und gescheiterten Ehen. Für Gregs Freundschaft werde ich immer dankbar sein.

Durch diese Abgeschiedenheit habe ich gelernt, was es bedeutet, wenn Gott "heilig" genannt wird. Ich hatte nie eine Vorstellung davon, was das bedeutet, außer der Annahme, dass Gott einfach besser ist als wir Menschen. Ich habe entdeckt, dass das, was Gott heilig macht, der Umstand ist, dass er sich in jeder Hinsicht von unseren anderen Beziehungen unterscheidet. Er lügt nicht, missbraucht nicht, manipuliert oder kontrolliert nicht, ist absolut treu und verfolgt keine Ziele.

Er ist besonders, er ist anders, und wir können ihm vertrauen, wenn andere Menschen uns im Stich lassen. Heiligkeit bedeutet, dass er anders ist als jeder andere, dem wir je begegnen werden. Er ist Familie, wenn unsere Familie uns verleugnet. Er nimmt uns an, wenn andere uns ablehnen. Es gibt niemanden wie ihn, nirgendwo!

Dass er sich entschieden hat, gut, ehrenhaft, selbstlos und gütig zu sein, ist unser großes Glück. Er hätte ein Tyrann sein können, wenn er gewollt hätte, aber er entschied sich dafür, sich zu demütigen, von oben herab zu kommen und uns aus dem Loch zu ziehen, in dem wir stecken. Ich bin noch nie von jemandem so gut, sanft und freundlich behandelt worden wie von ihm. Er kommt angerannt, wenn wir ihn rufen, und er ist immer da, wenn wir ihn brauchen.

Um zu erkennen, dass ich alles habe, was ich wirklich brauche, musste ich alles verlieren, was mir wichtig war. Gott hat mich dazu gebracht, meine Isolation nicht mehr zu hassen, sondern zu genießen. Seine Gegenwart hat mir Frieden gebracht. Er hat mich bestätigt, erlöst und angenommen, als meine Familie mich verlassen hat. Er ist wie kein anderer. Er ist HEILIG!

KAPITEL 13

DIE DUNKLE NACHT DER SEELE

Der Film *"Der Pate"* über einen zypriotischen Einwanderer in den USA kam Anfang der 1970er Jahre in die Kinos. Vito Corleone lernt als Junge auf den Straßen New Yorks zu Beginn des 20. Jahrhunderts und gründet schließlich ein kriminelles Netzwerk, dem auch seine Söhne angehören. Der Film endet damit, dass die Familie gezwungen ist, *"alle Familienangelegenheiten"* mit denen zu regeln, die sie verraten. Mehrere Menschen wurden ermordet, um der Familie Corleone ihren Respekt und ihre Macht zurückzugeben.

Die Pate-Trilogie hat mich seit Jahren fasziniert und ich glaube, ich weiß warum. Ich denke, ich mochte die Macht, die Stärke und die Furcht, die die Corleones ausstrahlten. Ich sehnte mich danach, ihre Macht und Stärke zu spüren. Ich gebe zu, dass ich im Laufe meines

Lebens manchmal davon träumte, die Menschen zu töten, die mich zutiefst verletzt hatten, aber ich wusste, dass dies nicht der Weg zur Überwindung meines Schmerzes war. An diesem Punkt meines Weges sagte mir der Herr, dass es an der Zeit sei, *"alle Angelegenheiten in der Familie in Ordnung zu bringen"*, aber auf seine eigene Art und Weise. Nein, ich habe nie jemanden getötet... nur für den Fall, dass Sie sich das fragen.

Gottes Weg, meine Angelegenheiten in Ordnung zu bringen, war, mich mit Dingen zu konfrontieren, die ich in all den Jahren nie angesprochen habe, Dinge, die mir entweder nicht bewusst waren oder von denen ich zu verängstigt war, um sie anzusprechen. Es war die Auseinandersetzung mit großen Beziehungsproblemen, die unter Schichten von Scham und Ablehnung begraben waren.

Nachdem ich das Leben verloren hatte, das ich mir immer gewünscht hatte, hatte ich nichts mehr zu verlieren. Ich hatte keine Ängste mehr, denen ich mich stellen musste. Meine größte Angst hatte mich bereits eingeholt, und sie hatte mich nicht in dem Maße zerstört, wie ich geglaubt hatte. Aber ich musste mir einen Reim auf das Ganze machen und herausfinden, was ich konnte, um meinen eigenen Seelenfrieden zu bewahren. Ich musste Frieden mit meiner Vergangenheit und Frieden mit Gott schließen.

Ich ahnte, dass all dies auch während der intensiven Trauer, der Seelensuche und der *"dunklen Nacht der Seele"* Teil von Gottes Plan für mich war. Ein tiefes Mitgefühl für geschiedene und alleinstehende Erwachsene wurde durch meine eigenen Verluste in meinem Herzen geweckt. Ich erinnerte mich, dass Gott mir prophezeit hatte, dass ich eines Tages kommen muss, um mich um verletzte Menschen zu kümmern. Ich musste sogar mit einigen geschiedenen Freunden telefonieren und mich für Dinge entschuldigen, die ich früher zu ihnen gesagt hatte. Ich dachte immer, sie hätten sich nicht genug Mühe gegeben. Ich war naiv zu glauben, dass jede Ehe gerettet werden könnte oder sollte.

Dass viele Beziehungen transaktional und manipulativ sind, war mir nicht bewusst. Wir denken standardmäßig, dass andere Menschen so sind wie wir. Gutherzige Menschen sind der Meinung, dass andere Menschen gutherzig sind, während egoistische Menschen der Meinung sind, dass andere Menschen genauso egoistisch sind wie sie selbst. Dasselbe gilt für die Vorstellung, die Menschen von Gott haben.

Dieser Abschnitt sagt viel darüber aus, wie wir uns Gott vorstellen.

"Den Treuen zeigst du Treue, den Untadeligen zeigst du Untadeligkeit, den Reinen zeigst du Reinheit, den Gottlosen zeigst du Weisheit." Psalm 18:26

Das gibt uns einen guten Einblick in das Herz des Menschen und in die Art und Weise, wie Menschen ihre eigenen Überzeugungen routinemäßig auf andere projizieren. Wenn ich mich an Gefühle der Ablehnung in der Vergangenheit erinnerte, war ich der Meinung, dass andere mich auch ablehnen würden. Jesus fasste alle Gebote der Bibel in den beiden größten Geboten zusammen. *"Du sollst Gott, den Herrn, lieben von ganzem Herzen, von ganzem Gemüt, von ganzer Seele und von allen deinen Kräften, und du sollst deinen Nächsten lieben wie dich selbst"*.

Ich glaube, dass wir automatisch dazu neigen, andere so zu lieben, wie wir uns selbst lieben. Wer sich selbst nicht liebt, ist unfähig, andere zu lieben. Aber wer sich selbst liebt, ist fähig, andere zu lieben. Und der einzige Weg, uns selbst zu lieben, ist, die Liebe Gottes zu erfahren. Je mehr wir seine Liebe kennen, desto mehr sind wir fähig, uns selbst und andere zu lieben. Gott zu kennen bedeutet, sich selbst zu kennen, denn wir sind aus ihm geboren. Aus seinem Herzen kommt die Idee von sich selbst.

Als ich süchtig war, habe ich die Menschen süchtig geliebt. Ich habe sie vor ihrem eigenen Schmerz gerettet. Jetzt weiß ich, wie wichtig es ist, dass andere die Verantwortung für sich selbst übernehmen und die Konsequenzen ihres eigenen Verhaltens tragen. Wir müssen die Menschen die Verantwortung für sich selbst übernehmen lassen. Sonst werden sie nie erwachsen.

Die meiste Zeit meines Lebens habe ich viele wiederkehrende Missbräuche vergeben, gegen die ich mich hätte wehren sollen. Aber ich dachte, es sei meine Pflicht als Christ, missbrauchende Menschen zu ertragen. Heute weiß ich, dass das nicht Gottes Weg ist. Er hat die Pharisäer für ihre falsche Frömmigkeit und ihren Stolz getadelt, und er wird es nicht zulassen, dass Menschen, die andere missbrauchen, für immer ungestraft davon kommen.

In einem Kurs über die Genesung nach einer Scheidung wurden uns einige großartige Bücher über gesunde Beziehungen vorgestellt, und mein Favorit war das Buch Boundaries (Grenzen) von Townsend und Cloud. Vor der Lektüre dieses Buches hatte ich noch nie etwas vom Konzept der Grenzen gehört, und es hat mein Leben verändert!

Meine Suchttendenzen und mein Mangel an gesunden Grenzen wurden mir durch dieses Buch bewusst. Ich habe so viel über mich selbst gelernt, als ich dieses Buch gelesen habe, genauso wie das Buch Codependent No More von Melody Beattie. Ich bin so dankbar für die Freundlichkeit dieser Fremden, die mich gelehrt haben, wie ich besser mit Menschen umgehen kann.

Meiner Meinung nach sollten diese Informationen in jeder Highschool der Welt gelehrt werden. Warum werden diese Informationen der Öffentlichkeit vorenthalten? Vielleicht, weil die Themen psychische und emotionale Gesundheit über Generationen hinweg als Schande betrachtet wurden.

Wir sprechen in der Öffentlichkeit nicht über diese Themen und nur diejenigen, die Missbrauch erlebt haben, suchen diese Art von Informationen und Hilfe. Ich bin froh, dass wir als Gesellschaft beginnen, diese Tabuthemen mehr und mehr anzusprechen.

Viele Kirchen, die ich besucht habe, scheinen schlecht ausgerüstet oder nicht bereit zu sein, diese Themen anzusprechen, weil sie denken, dass gute Christen diese Probleme nicht haben sollten. Aus dem gleichen Grund halten sich die Kirchen auch von der Arbeit mit erwachsenen Singles fern. Ich habe jahrelang an Kursen zum Thema Freiheit teilgenommen, sowohl als Student als auch als Kursleiter, und ich habe viel Gutes und weniger Gutes erlebt.

Ich hoffe, dass ich Ihnen zeigen kann, wie der Heilige Geist geistliche und emotionale Wunden sieht. Der Heilige Geist ist sanft, freundlich und geduldig mit den Menschen. Aber ich habe einige Pastoren gesehen, die mit verletzten Menschen hart umgegangen sind und sie dadurch noch mehr verletzt haben, und das hat mir das Herz gebrochen.

Wir müssen aufhören, Menschen für ihre emotionalen Wunden zu beschämen. Vielleicht ist das der Grund, warum der Herr wollte, dass ich dieses Buch schreibe, um den Menschen zu zeigen, wie er mich auf geduldige und sanfte Weise emotional gesund gemacht hat. Wie ich schon sagte, müssen diese Wunden behandelt werden, so wie eine Schnittwunde am Arm behandelt werden muss. Wenn wir versuchen, sie zu ignorieren, wird sie sich infizieren und weiter schmerzen.

Wir sind durch Scham so konditioniert, dass wir Angst haben, unsere emotionalen Probleme zuzugeben, wie ich in Kapitel 3 geschrieben habe. Da ich in Texas aufgewachsen bin, habe ich gesehen, wie gute alte Jungs ihre Söhne behandeln, wenn sie Verletzlichkeit zeigen. Fußballtrainer sind berüchtigt dafür, ihre Spieler durch Schamgefühle zu besseren Leistungen zu motivieren. Jemanden ein "Weichei" zu nennen, kann einen Spieler motivieren, sich mehr anzustrengen. Aber ich habe gesehen, dass Ermutigung viel effektiver ist, wenn ich etwas trainiere oder lehre.

Ich bin so froh, dass Gott selbst die Schande nicht gegen uns einsetzt, sondern den Fluch der Schande von uns nehmen will. Als ich durch den Prozess ging, meinen Vätern zu vergeben, wurde mir klar, wie wichtig es ist, alles auszusprechen. Die meisten Männer verstecken ihre Gefühle in einem Fläschchen, bis eines Tages unsere Wunden aufbrechen und wir vor jemandem explodieren! Zu meinem großen Bedauern habe ich das auch schon erlebt, sogar vor meinen Kindern.

Ich schlage vor, dass Sie entweder zu einem Therapeuten gehen, zu einem Pfarrer, dem Sie vertrauen, zu einem Freund, dem Sie vertrauen, oder - was am wichtigsten ist - direkt zu Gott. Als Erstes ist vielleicht ein Gespräch mit jemandem nötig, hoffentlich mit jemandem, der das Gleiche durchgemacht hat wie Sie. Ich empfehle Ihnen nicht, Ihre Beziehungsprobleme jemandem zu erzählen, der seit 50 Jahren verheiratet ist. Er wird Sie nicht verstehen und nicht so viel Mitgefühl haben wie jemand, der es selbst erlebt hat. Diese Bibelstelle erklärt sehr gut, warum das so ist.

"Gott ist der Vater der Barmherzigkeit und der Gott allen Trostes. Er tröstet uns in aller unserer Trübsal, damit wir trösten können, die in irgendeiner Trübsal sind, durch den Trost, den wir von Gott empfangen haben." 2 Korinther 1,3-4

Eine Sache, die ich auf meiner Reise gelernt habe, ist, dass Emotionen einfach Gefühle sein müssen, um zu vergehen. Wir dürfen fühlen, was wir fühlen, auch wenn es eine Lüge ist. Wenn wir uns erlauben, unsere Gefühle zu fühlen und ihnen die Möglichkeit geben, das zu sagen, was sie zu sagen haben, dann sind wir nicht mehr Gefangene dieser Gefühle. So einfach ist das. Und wenn diese Gefühle gelogen waren, werden wir irgendwann erkennen, dass sie gelogen waren.

Nach unserer Scheidung hatte ich viele Fragen, die ich beantworten musste. War ich ein guter Ehemann? War ich meinen Kindern ein guter Vater? War es falsch von mir, mich für den Dienst an der Gemeinschaft zu engagieren? Warum konnte ich in meinem Leben keine gesunde Beziehung aufbauen? Das waren bohrende Fragen, über die ich ehrlich sein musste.

Wenn Sie Gottes Aufmerksamkeit erlangen wollen... ein ehrliches, aufrichtiges Gebet. Fragen Sie ihn, ob es etwas gibt, das Sie bereuen müssen, und er wird klar zu Ihnen sprechen. Ich weiß, wenn wir wie die Pharisäer religiöse Gebete sprechen, von denen wir glauben, dass sie Ihn beeindrucken, wird Er müde. Ich habe die Erfahrung gemacht, dass, wenn ich ein ehrliches, demütiges und aufrichtiges Gebet spreche, Er sich mir in großem Maße offenbart.

In Psalm 139,23-24 heißt es

"Erforsche mich, Gott, und erkenne mein Herz; prüfe mich und erkenne meine bangen Gedanken. Sieh, ob in mir eine Offensive ist, und führe mich auf den ewigen Weg."

In den ersten Jahren nach der Scheidung hasste und fürchtete ich das Alleinsein. Es war eine Zeit der Auseinandersetzung mit mir selbst, mit meinem Trauma und den verheerenden Verlusten, die ich erlitten hatte. Der Herr war mir sehr nahe, auch wenn ich mich allein fühlte. Er trug mich durch die Zeiten, in denen ich von Traurigkeit überwältigt war.

Ich las das Buch Hiob, um zu sehen, ob ich dort Antworten finden würde. Dann las ich die Geschichte von Josef im Buch Genesis, um Einsichten zu gewinnen. Ich hatte Verständnis für den Verlust und den Verrat, den diese Männer erlitten hatten, aber ich fragte mich immer noch, warum Gott diese gottesfürchtigen Männer zu solchen Verwüstungen werden ließ. Hiob war zu jener Zeit der rechtschaffenste Mann der orientalischen Welt. Er fürchtete Gott und mied das Böse. Warum ließ Gott eine solche Katastrophe zu?

Hiob sagte, das, was er am meisten fürchtete, sei über ihn gekommen. Gott selbst sagte, dass Hiob in seinem Gewissen in Bezug auf das Gesetz Gottes rechtschaffen war, aber es gab etwas, das korrigiert werden musste. Beim Lesen dieser Aussage wurde mir klar, dass ich vor dem stand, was ich am meisten fürchtete: dem Verlust meiner Familie. Man sagt, dass Menschen, die viel lieben, auch viel Angst haben. Wenn man Menschen liebt, fürchtet man am meisten, sie zu verlieren.

Ich hatte Angst, meine Ehe zu verlieren, weil ich so gerne verheiratet sein wollte. Ich hatte Angst, als Vater nicht gut genug zu sein, wegen meiner Erfahrungen als Kind. Da ich als Kind drei Scheidungen erlebt hatte, hatte ich Angst, so zu werden wie meine drei Väter. Das waren unbewusste Ängste, die mich davon abhielten, der beste Ehemann und Vater zu sein, der ich sein konnte.

Ich musste akzeptieren, dass ich kein perfekter Vater war. Aber ich weiß, dass kein menschlicher Vater seine Kinder jemals mehr geliebt hat als ich. Ich war freundlich, sanft und unterstützend. Ich war ein guter Versorger und ein gutes Beispiel für einen gottesfürchtigen Mann. Aber ich war nicht gut darin, sie zur Verantwortung zu ziehen. Ich musste mein abhängiges Verhalten ändern.

Immer wieder fragte ich den Herrn, ob ich ein guter Vater für meine Kinder sei, aber er weigerte sich, es mir zu sagen. Er wusste, dass ich mir diese Frage selbst beantworten musste. Ich blickte auf meine Jahre als Vater zurück und zog Bilanz. Ich wurde mir darüber im Klaren, dass ich meinen Kindern nie etwas Böses angetan hatte und der beste Vater gewesen war, der ich hätte sein können.

Eines Abends war ich zu Gast in einer Gruppe von Männern, und die Botschaft war, dass wir unseren Kindern ein gottesfürchtiger Vater sein sollten. Zuerst war ich nicht sehr glücklich darüber, weil ich dachte, dass es schlimme Erinnerungen in mir wecken würde, aber es stellte sich als großer Segen heraus. Sie gaben mir eine lange Checkliste, was ein Kind von einem Vater braucht. Nicht nur, dass ich wirklich jeden Punkt abgehakt habe, ich konnte sogar viele Dinge doppelt überprüfen. Gott zeigte mir, dass ich meinen Kindern wirklich ein guter Vater war.

Ich hatte immer noch ärgerliche Gedanken darüber, wie ich als Vater versagt hatte, bis ich eines Tages auf dem Weg nach Dallas das Thema im Gebet zur Sprache brachte. Ich bat den Herrn, meine Beziehung zu meinen Kindern zu retten. Wie Jesus Brote und Ähren segnete, um die Menge zu speisen, bat ich den Herrn, meine Vaterarbeit mit seiner Gnade zu vermischen, damit meine Kinder satt würden. Ich betete, dass meine Arbeit gut genug sein würde und dass Gott die Differenz ausgleichen würde. Ich fühlte eine Erleichterung in meinem Geist und die Qualen waren endgültig vorbei.

Auf die gleiche Weise bewertete ich mich als Ehemann und stellte fest, dass niemand sie je so geliebt, unterstützt und ermutigt hatte wie ich. Ich war immer für sie da und bemühte mich, ihren Bedürfnissen gerecht zu werden. Ich musste lernen, meinen eigenen Wert zu erkennen, und der Herr ließ mich diese Fragen selbst beantworten. Gott tut nicht alles für uns. Er will uns mit seiner Wahrheit befähigen, unsere inneren Konflikte zu lösen. Er macht uns verantwortlich, zuerst für uns selbst zu kämpfen, und dann hilft er uns dabei.

Ich habe auch entdeckt, dass meine Sucht mich mein ganzes Leben lang in die Nähe von kaputten Menschen gebracht hat. Es gab ein paar tolle, gesunde Frauen, die ich hätte heiraten können, aber ich fühlte mich unbewusst zu den Frauen hingezogen, die emotional für mich unerreichbar waren. Meine kaputte Beziehung zu meinem Vater hat mich dazu gebracht, anderen kaputten Menschen hinterher zu laufen, die emotional unerreichbar sind, und zu versuchen, sie für mich zu gewinnen.

So hangeln wir uns, bis wir die Ängste und Lügen, die wir über uns selbst geglaubt haben, aufgelöst haben, von einer schlechten Beziehung zur nächsten. Ich verstehe nicht genau, wie das funktioniert, aber ich weiß, dass der Prozess darin besteht, zu vergeben, schmerzhafte Emotionen loszulassen und die Überzeugung zu ändern, dass wir es nicht verdienen, glücklich zu sein. So können wir beginnen, gesunde Menschen anzuziehen. Und wir müssen ehrlich zu unserem eigenen Versagen sein. Wir alle brauchen Veränderung.

Indem ich ehrlich über meine Sünden sprach, meinen emotionalen Schmerz Gott überließ und allen ihre Fehler vergab, einschließlich meiner eigenen, begann ich, meine Familienangelegenheiten in Ordnung zu bringen. Es war, als ob ich die Spinnweben in meinem Herzen entfernte. Ich öffnete mutig Türen, die jahrzehntelang verschlossen waren, und stellte mich den Monstern, die sich dahinter versteckten. Das Komische war, dass diese Monster gar keine Monster waren, sondern verschwanden, sobald ich sie ansprach und ihnen sagte: *"Unterwerf dich Gott"*.

"Unterwerfen Sie sich Gott. Widerstehen Sie dem Teufel, und er wird von Ihnen weichen. Nähert euch Gott, so wird er sich euch nahen." Jakobus 4,7-8

Statt meine Feinde zu töten, habe ich sie von meinem Gericht befreit. Ich habe erkannt: Wir sind alle unvollkommene Menschen und brauchen Gottes Vergebung. In Gottes Augen ist das eine ernste Sache.

"Denn euer himmlischer Vater wird euch auch vergeben, wenn ihr den Menschen vergebt, die gegen euch gesündigt haben. Wenn ihr aber den Menschen ihre Sünden nicht vergebt, so wird euch euer Vater eure Sünden nicht vergeben." Matthäus 6,14-15

Jetzt wird es ernst! Als erstes müssen wir unseren Stolz ablegen. Wir können nicht so tun, als wären wir besser als andere. Auf die kleinste Sünde steht die gleiche Strafe wie auf die größte. Wir alle sündigen, keiner von uns ist unschuldig. Denken wir an all die Sünden, die wir begangen haben und für die wir uns schämen. Wenn wir Vergebung wollen, müssen wir vergeben. Sprechen Sie es laut aus und beginnen Sie zu heilen, auch wenn Sie sich nicht danach fühlen.

Machen Sie sich frei!

KAPITEL 14

RÜCKKEHR ZUR UNSCHULD

Die meisten von uns sind so sehr damit beschäftigt, sich von den Reizen der Außenwelt ablenken zu lassen, dass wir gar nicht mehr wissen, wer wir eigentlich in unserem Inneren sind. Wir fürchten uns davor, mit unseren Gedanken allein zu sein, machen uns selten bewusst, wie es uns geht, und fürchten uns vor dem, was uns passieren könnte. Körperliche Verletzungen sind am Anfang schmerzhaft, aber sie werden mit der Anpassung und Heilung unseres Körpers weniger. Aber seelische Wunden machen uns Angst, und wir lernen nicht, mit ihnen umzugehen.

Der Herr hat mir gnädig gezeigt, wie ich mit diesen Wunden umgehen soll. So kann das Trauma aus meinem Körper, meiner Seele und meinem Geist verschwinden und ich kann seine Liebe zu mir wirklich verstehen. Von den Misshandlungen, die wir einander antun, und davon, wie böse Menschen uns manipulieren und kontrollieren, wollte ich nie etwas wissen. Ich wollte nie 4 Jahre meines Lebens mit dem Studium des Narzissmus verbringen, nur damit ich in der Lage bin, eine 25 Jahre dauernde Ehe zu beenden. Ich hätte es vorgezogen, naiv zu bleiben und daran zu glauben, dass die Menschen von Natur aus gut sind und nur das Beste für uns wollen.

Gott musste mir, damit ich nicht als eine weitere Statistik irgendwo auf der Straße oder im Gefängnis lande, die Realitäten der menschlichen Natur und seine wahre Natur zeigen. Er hat mir diese Dinge durch das Liebesbündnis offenbart, das er mit mir geschlossen hat, als ich 10 Jahre alt war. Ich habe entdeckt, dass er es mit uns viel ernster meint als wir mit ihm. Kürzlich habe ich mich beim Vater dafür entschuldigt, dass wir Menschen ihn nicht so lieben können, wie er uns liebt. Wir können uns nie mit seiner Güte messen, wir können nur ein aufrichtiges *"Danke"* sagen.

Nachdem ich nach meiner Zeit in Palästina nach Lubbock zurückgekehrt war, arbeitete ich während meines Studiums an der Texas Tech wieder im Wohnmobilhandel. Eines Morgens betete ich ein ungewöhnliches Gebet. Ich bat den Herrn, mir an diesem Tag seine Liebe zu zeigen. Es fühlte sich an wie ein seltsames und merkwürdiges Gebet, nicht wie eines meiner gewöhnlichen Gebete. Manchmal, wenn der Heilige Geist etwas Besonderes für mich tun will, drängt er mich zu einem besonderen Gebet.

Nachdem ich an diesem Morgen gebetet hatte, ging ich wie gewöhnlich zur Arbeit. In einem unserer größeren Wohnmobile, einem mit mehreren großen Fenstern, arbeitete ich kurz vor dem Mittagessen. Plötzlich flog ein Spatz in das Wohnmobil und knallte in ein Fenster gegenüber der Eingangstür. Bumm! Das Geräusch ließ mich aufschrecken. Ich drehte mich um und sah, wie der Vogel vor Schreck den Kopf schüttelte. Wir alle haben schon Vögel gesehen, die gegen Fenster geflogen sind.

Als der kleine Kerl mich sah, flog er auf die andere Seite des Wohnmobils, in ein anderes Fenster! Ich hatte Mitleid mit dem kleinen Kerl und versuchte, ihn zu erreichen. Er flog noch 3 oder 4 Mal vor mir weg. Jedes Mal flog er in ein anderes Fenster. Schließlich landete er im hinteren Schlafzimmer, um mir zu entkommen.

Ich dachte: *"Oh nein! Ich muss ihm helfen, die Tür zu öffnen, damit er sich nicht mehr wehtut."* Er saß schmerzverzerrt und erschöpft von der Tortur auf einem Fensterbrett, als ich das Schlafzimmer betrat. Ich näherte mich ihm vorsichtig, in der Erwartung, dass er wieder weglaufen würde, aber er blieb einfach stehen und erlaubte mir, ihn vorsichtig mit beiden Händen hochzuheben! Ich ging mit ihm zur offenen Tür. Ich sagte ihm, wie leid es mir täte, dass er verletzt sei und dass ich ihm nicht wehtun würde. Wir schafften es bis zur Tür und ich befreite ihn aus der *"Falle"*, in die er sich selbst gebracht hatte.

Er schien angenehm überrascht von meiner Freundlichkeit, denn er schlief langsam und friedlich ein und drehte sich sogar noch einmal um, um mich anzusehen. Es war, als wäre er überrascht, bei jemandem, den sein Instinkt für ein Raubtier hielt, Sanftmut und Freundlichkeit vorzufinden. Ich hatte das besondere Gebet vergessen, das ich vor einigen Stunden gebetet hatte, aber nach der Arbeit kam ich auf den Vorfall zurück.

In dieser Nacht sagte mir der Herr, dass dieser Vorfall die Antwort auf das Gebet war, das ich am Morgen gebetet hatte. Er erklärte mir, dass das Mitgefühl, das ich für den Vogel hatte, dasselbe Mitgefühl war, das er für mich hatte. So wie der Vogel Angst vor mir hatte, hatte ich die meiste Zeit meines Lebens Angst vor Gott. Ich hatte Angst, dass er so gemein sein könnte wie mein Trainer oder mein alkoholkranker Vater. In diesem 30-Sekunden-Ereignis hat er mir einen Mikrokosmos meines Lebens gezeigt.

Wie dieser Vogel sind auch wir gefangen in einer beängstigenden und schmerzhaften Existenz, aber unsere Angst vor Gott lässt uns aus Scham vor ihm davonlaufen. Stattdessen jagen wir hinter jedem glänzenden Gegenstand her, hinter jeder vermeintlichen Chance, die uns helfen könnte, aus unserem Schmerz herauszukommen, nur um uns an der Enttäuschung der falschen Hoffnung zu stoßen.

Die meisten Menschen glauben, dass Geld, Ruhm, Anerkennung und menschlicher Erfolg helfen können, unseren Schmerz zu lindern. Wir kämpfen und konkurrieren miteinander, als ob es nicht genug Liebe für alle gäbe. Wir fühlen uns nicht wohl in unserer Haut, weil wir als Menschen verletzlich und selbstsüchtig sind, und deshalb streben wir danach, wenigstens besser zu sein als die Menschen um uns herum.

Wir ärgern uns über die, die scheinbar glücklich sind oder haben, was uns fehlt, anstatt uns mit ihnen über ihre Siege zu freuen. Gott hat genug Segen für uns alle, aber die meisten suchen ihn nicht genug, um seine Güte und Großzügigkeit zu entdecken.

Die Bibel sagt: *"Wir haben nicht, denn wir bitten nicht"*. Die meisten Christen arbeiten hart, damit Gott uns mit einem guten Leben segnet. Aber alles, was wir tun müssen, ist den Herrn um das zu bitten, was wir brauchen und wollen. Wenn sich unsere Hoffnungen nicht erfüllen, aber wir haben Gott nicht darum gebeten, dann werden wir auf Gott wütend. Wir denken einfach, dass Gott uns ein gutes Leben schenken sollte, weil wir es uns durch unsere guten Taten verdient haben.

Das ist eine ungesunde religiöse Denkweise, und so handelt Gott nicht. Als Jesus einem Blinden begegnete, fragte er ihn: *"Was brauchst du?"* Für alle Anwesenden war es offensichtlich, was der Mann brauchte, aber Jesus ließ ihn fragen, um uns allen etwas klar zu machen. Nicht weil wir gut sind, verdienen wir uns Punkte bei Gott. Gott will eine Beziehung zu uns, in der wir ihn in unser Leben einbeziehen. Er will keine Geschäftsbeziehung mit uns. Er will eine familiäre Beziehung zu uns.

Der Herr, der uns erschaffen hat, der unserem sterblichen Körper Atem gibt, möchte, dass wir wissen, dass er grob missverstanden und falsch dargestellt wurde. Er ist NICHT der böse, tyrannische Herrscher, als der er dargestellt wurde. Er ist wirklich der Vater der Vaterlosen, der Beschützer der Witwen und Waisen und derjenige, der unsere Seelen heilen möchte. Er will einfach bei uns sein, in allen Höhen und Tiefen unseres Lebens.

Wie der Vogel möchte Gott, dass wir einfach schweigen, dass wir in seine Gegenwart kommen und dass er uns die Wahrheit darüber zeigt, dass er uns liebt, dass er uns vergibt und uns annimmt, auch wenn wir als Menschen nicht perfekt sein mögen. Wenn wir in den Spiegel unseres Badezimmers schauen, sehen wir eine Menge Unvollkommenheiten, aber Gott lädt uns ein, in seinen Spiegel zu schauen, der das Wort Gottes ist, so dass wir uns selbst mit seinen Augen und durch das Blut Jesu sehen können. (Jakobus 1,23-26)

Er ist es, der uns erschaffen hat. Er weiß, wie er uns an Leib, Seele und Geist heilen kann. Die meiste Zeit meines Lebens war ich der Meinung, dass Gott mich zur Arbeit für ihn braucht, so wie mein Stiefvater mich zur Arbeit für ihn brauchte. Ich fragte oft: *"Herr, was soll ich für dich tun?"* Ich hatte eine Leistungsmentalität Gott gegenüber, wie sie fast alle Christen haben, wo wir versuchen, uns Gottes Liebe zu erkaufen.

Jahrelang hatte ich beim Hören der Predigten in der Kirche die Vorstellung, dass Gott meine Hilfe bei der Rettung der Welt braucht, aber vor kurzem sagte der Herr wirklich zu mir: *"Ich brauche dich nicht, damit du etwas für mich tust"*. Erst dachte ich, das sei der Teufel, aber das war immer Gottes Antwort auf meine hundertfachen Fragen: *"Was soll ich für dich tun?"* Irgendwo habe ich den Gedanken aufgeschnappt, dass ich etwas Großes für Gott tun muss.

Als ich eines Tages auf der Veranda unseres Traumhauses auf dem Land saß, fragte ich den Herrn, ob ich in meinem Dienst alles getan hätte, was er von mir wollte. Er überraschte mich mit den Worten: *"Ich bitte dich nicht, etwas Großes für mich zu tun. Du weißt nicht, wie viele Leben du berührt hast, indem du einfach gelebt und mich begleitet hast. Die Menschen, denen du begegnest, spüren meine Anwesenheit, weil du dich um sie kümmerst, und das ist alles, was ich von dir brauche."* Ich hatte mich so unter Druck gesetzt, den Menschen zu dienen, weil ich von meiner Co-Abhängigkeit abhängig war und weil ich in der Kirche religiöse Manipulationen gehört hatte.

Es ist so wichtig und befreiend, ein ehrliches Gespräch mit Gott zu führen. In einem Lied von Chris Tomlin heißt es: *"Wie majestätisch ist dein Flüstern"*. Das ist so wahr! Dieses majestätische Flüstern Gottes in den dunkelsten Zeiten meines Lebens hat mich von so vielen Fesseln befreit, und wie Jesaja 45,3 sagt, war es, damit ich IHN KENNEN lerne. *"Ich will dir die Schätze der Finsternis geben, Reichtümer, die an verborgenen Orten verborgen sind. Damit du erkennst, dass ich der Herr bin, der Gott Israels, der dich bei deinem Namen ruft."*

Gott will, dass wir ihn kennen, und er ruft uns bei unserem Namen, aber wir sind zu sehr damit beschäftigt, uns ablenken zu lassen. In den 50 Jahren, in denen ich mit dem Herrn lebe, bin ich zu dem Schluss gekommen, dass Gott uns ganz einfach von unseren Sorgen und Ängsten befreien möchte, damit wir die Unschuld unserer Kindheit wiedererlangen. Er will unsere Herzen von ungelösten Konflikten und der darin verborgenen Scham befreien.

Viele von uns sind durch unvollkommene Menschen ihrer Unschuld beraubt worden. Aber wir können den Schmerz aus unseren Herzen entfernen, indem wir präsent sind und auf das hören, was unser Herz uns sagt. Wenn wir uns unseren Ängsten, unserer Scham und unseren Sünden stellen, können wir Gott die Fürsorge und Geborgenheit unseres Herzens anvertrauen. Er weiß, dass wir ohne ihn nur Staub sind. Deshalb hat er durch die Hingabe seines einzigen Sohnes Jesus eine Brücke zwischen ihm und uns geschlagen.

Das ist die Botschaft dieses Buches und die Botschaft DES BUCHES, der Bibel. König David war schon vor der Sendung des Heiligen Geistes auf die Erde ein Mann *"nach dem Herzen Gottes"* und hatte eine sehr enge Beziehung zu Gott. So beschrieb er das Wesen Gottes...

"Lobe den Herrn, meine Seele, und vergiss nicht, was er dir Gutes getan hat: Er vergibt dir alle deine Sünden und heilt alle deine Krankheiten; er führt dich heraus aus der Grube und krönt dich mit Liebe und Barmherzigkeit; er sättigt dein Verlangen nach Gutem und macht dich wieder jung wie einen Adler. Der Herr schafft Recht und Gerechtigkeit für alle Unterdrückten."

Der Herr ist barmherzig und gnädig, geduldig im Zorn und reich an Liebe.

Er behandelt uns nicht nach unseren Sünden und vergilt uns nicht nach unserer Missetat.

"Wie sich ein Vater über seine Kinder erbarmt, so erbarmt sich der Herr über die, die ihn fürchten; denn er weiß, wie wir gemacht sind, und denkt daran, dass wir Staub sind." Psalm 104: 2-6, 8, 10, 13-14

Ich fühlte mich so VERLOREN nach meiner Scheidung und der Trennung von meinen Kindern! Mein Traum von einer großen Familie war zerstört. Mein Vertrauen in die Menschheit war zerstört. Mein Glaube, dass man erntet, was man sät, war zerstört. Das Leben hatte keinen Sinn mehr! All die Jahre, die ich im Dienst des Herrn und in der Liebe zu den Menschen verbracht hatte, erschienen mir wie eine totale Verschwendung von Zeit und Energie. Ich litt unter einer kognitiven Dissonanz, die meinen Sinn für richtig und falsch, für gut und böse, für oben und unten usw. durcheinander gebracht hatte.

"Bin ich wirklich Christ? Habe ich mich all die Jahre geirrt? Habe ich mir Gott nur in meinem Kopf ausgedacht? Ich habe mein Leben nach der Bibel gelebt, warum habe ich dann nicht die Verheißungen bekommen? Warum ist das Leben so ungerecht?" Mein Vertrauen in mich selbst und in Gott war vorübergehend erschüttert. Ich litt an einer Art PTBS.

Gottes Wort sagt, dass er denen nahe ist, die ein gebrochenes Herz haben, und das wurde mir sehr schnell klar. Manchmal war der Schmerz so groß, dass ich mir das Leben nehmen wollte, aber Gott ließ mich nicht in diesem Zustand. Er sagte mir durch seine Nähe und sein Mitgefühl: *"Ich lasse dich nicht fallen. Ich werde dich durchbringen."*

Zu dieser Zeit begann ich mit dem Besuch der Kirche auf dem Felsen in Lubbock und genoss besonders die langen Anbetungszeiten. Diese langen Zeiten der Anbetung gaben mir die Möglichkeit, mich mit dem Herrn zu verbinden, indem ich ihn lobte und ihm meine Verletzungen anvertraute. Der Herr war mir während dieser Anbetungszeiten sehr nahe.

Eines Morgens während der Anbetung zeigte mir der Herr eine Vision. Ich werde mich für immer daran erinnern. Ich fühlte mich zu dieser Zeit so verloren, so verraten und verwirrt, dass der Herr sich mir auf diese Weise zeigte. Ich hatte meine Augen geschlossen, als ich in der Dunkelheit vor meinem geistigen Auge ein schwaches Bild von Jesus sah. Er reichte mir seine Hand und sagte: *"Nimm meine Hand und folge mir".*

Auf einem schmalen Pfad, auf dem ich keinen Fuß vor mir sehen konnte, führte er mich in ein dunkles Dickicht. Ich hatte keine Ahnung, was vor mir lag oder wohin Jesus mich führen würde. Aber das Festhalten an Jesus gab mir ein Gefühl des Friedens.

Es war eine Vision zur rechten Zeit, die mich ermutigte und erleuchtete. Es genügte, mir Hoffnung zu geben, allein die Gewissheit, dass Jesus mich durch meine Dunkelheit führen würde. Sie verankerte in meinem Herzen, dass ER die Kontrolle über mein Leben hat und nicht ich. Ich sollte ihm folgen und ihm vertrauen, einen Schritt nach dem anderen. Das erinnerte mich an eine meiner liebsten Bibelstellen.

"Ich führe die Blinden auf unbekannten Wegen, ich leite sie auf unbekannten Pfaden, ich verwandle die Finsternis vor ihnen in Licht und ebne die unebenen Pfade. Das will ich tun; ich will sie nicht verlassen."
Jesaja 42,16

Jesus wollte, dass ich zur kindlichen Unschuld des Vertrauens in ihn zurückkehre. Diese Vision sagte mir, ich solle von meinem Lebensthron herabsteigen und ihm seinen rechtmäßigen Platz als Herr und "Führer" meines Lebens einräumen. Das Wort sagt in Matthäus 18,3

"Wahrlich, wahrlich, ich sage euch: Wenn ihr nicht umkehrt und werdet wie die Kinder, so werdet ihr nicht in das Himmelreich kommen."

Ich war immer ein visueller Lerner; Worte allein haben mich selten verändert. Ich bin ewig dankbar dafür, wie der Herr in Visionen zu mir gesprochen hat. Wenn wir Gott anerkennen, wird er auf tausend verschiedene Weisen zu uns sprechen. Was immer nötig ist, um uns zu erreichen. Durch die Bibel, durch Musik, durch das Zeugnis anderer Gläubiger und durch das Gebet hat der Herr auf so vielfältige Weise zu mir gesprochen.

Ich möchte Sie ermutigen, zu der Unschuld zurückzukehren, die Bibel zu lesen, zu studieren und zu vertrauen. Im ersten Kapitel des Johannesevangeliums steht, dass Jesus das Wort Gottes ist. Wenn wir also die Bibel lesen, werden wir mit Jesus selbst konfrontiert!

Vor einigen Jahren wurde ich Mitglied einer Gruppe von Menschen, die an Prophetie interessiert waren. Die Atmosphäre des Gebets und des Dienstes war so wohltuend für meine Seele, und es war eine großartige Atmosphäre, um vom Herrn zu empfangen. Wir trafen uns einmal im Monat zu Gebet, Lobpreis und Diskussionen über prophetische Themen. Eines Tages kam ich zu spät und dachte daran, das Treffen auszulassen, aber der Herr sagte: *"Geh nur. Ich habe etwas für dich."*

Die Lobpreiszeit, die wir zu Beginn des Treffens erlebten, war sehr gesalbt und ich wurde schnell "im Geist". Mit geschlossenen Augen und offenem Herzen gab mir der Herr eine weitere Vision.

Er führte mich zurück in die Zeit, als ich drei Jahre alt war und mit meiner Schwester und meinem Vater im Park spielte. Er zeigte mir, wie ich weinend auf dem Boden lag, nachdem mein Vater mich verflucht und getreten hatte, weil ich mich verletzt hatte. Dann zeigte mir der Herr etwas Übernatürliches, das mein Leben für immer veränderte.

Ich sah, wie Jesus die Szene betrat, mich vom Boden aufhob, mich in seine Arme nahm und mich mit reiner Liebe und Freude anlächelte! Mein 3-jähriges Ich hörte sofort auf zu weinen und lächelte Jesus mit einem Blick voller Freude an! In diesem Moment vertrieb Jesus die lebenslange Angst, Ablehnung und Scham und ersetzte den Geist des Waisenkindes, in dem ich gelebt hatte, durch den Geist der Adoption.

Tränen liefen über mein Gesicht, als mein Herz endlich von der Scham befreit wurde, von dem Gefühl, dass etwas an mir nicht liebenswert war. Ich fühlte, wie Gott mich von der lebenslangen Überzeugung befreite, dass etwas mit mir nicht stimmte. Ich hatte Liebe verdient, egal wie manche Menschen mich behandelt hatten.

Als ich den Menschen in meinem Leben, die mich so tief verletzt hatten, vergab, verblassten die schmerzlichen Erinnerungen und die guten Erinnerungen kamen zurück. Ich kann auf meine Kindheit und meine Ehe zurückblicken und die wunderbaren Erinnerungen festhalten, die Gott mir geschenkt hat. Jetzt kann ich sehen, dass ich wirklich ein tolles Leben hatte! Ich habe in meinem Leben viel erreicht und war sehr erfolgreich. Es ist, als hätte Jesus mir mein Augenlicht zurückgegeben.

Ich möchte Sie ermutigen, Ihren Stolz loszulassen und sich daran zu erinnern, dass wir alle als Menschen flüchtig sind, und denen zu vergeben, die Sie enttäuscht haben. Seien Sie derjenige, der die ungesunden Muster durchbricht, die an Sie weitergegeben wurden. Lassen Sie sich darauf ein, mit Jesus über den Zustand Ihres Herzens zu sprechen und Teil der Lösung zu werden. Jesus ist gekommen, um jeden Fluch zu brechen und die Kreisläufe der Schande in unserem Leben zu durchbrechen. Hören wir auf, miteinander zu konkurrieren, uns zu beschämen und uns gegenseitig zu manipulieren.

Im Reich Gottes gibt es genug Liebe und Segen für uns alle. Um die Frage zu beantworten: *"Wo ist Gott, wenn es weh tut?"* Er ist bei Ihnen und hofft, dass Sie ihm die Erlaubnis geben, Ihnen die Hand zu reichen und Ihnen zu helfen. Gott ist die einzige Person, der Sie jemals begegnen werden, die keine eigenen Ziele für Sie hat. Er ist absolut FÜR SIE und Ihren Erfolg. Akzeptieren wir demütig, dass wir verletzlich, egoistisch und manchmal sogar dumm sind und nehmen wir die Hilfe dessen an, der uns erschaffen hat.

Ich habe hart daran gearbeitet, ein guter Christ zu sein, ein guter Ehemann, ein guter Vater, ein liebenswerter Mensch, der Respekt verdient. Ich dachte, es läge an mir, der Welt und Gott meinen Wert zu beweisen. Er hat mir gezeigt, dass seine Gnade für mich genug ist. Wir können uns entspannen, seine Liebe und Vergebung annehmen und in den Frieden eintreten, den er uns geschenkt hat. Wir können in die Unschuld unserer Kindheit zurückkehren und darauf vertrauen, dass er wie ein guter Vater für uns sorgt. In Matthäus 11,28-30 heißt es

"Kommt alle her zu mir, die ihr mühselig und beladen seid; ich will euch erquicken. Nehmt mein Joch auf euch und lernt von mir; denn ich bin sanftmütig und von Herzen demütig; so werdet ihr Ruhe finden für eure Seelen. Denn mein Joch ist leicht, und meine Last ist gering."

ANHANG I

WENN DAS LEBEN UNGERECHT IST

Diesen Satz: "Das ist so ungerecht!" haben wir alle schon oft aus Frustration gesagt. Wir sind der Meinung, dass wir eine bessere Behandlung von Seiten der Menschen und von Seiten Gottes verdienen. Ich werde Sie nicht beschämen, indem ich Ihnen sage, dass Sie positiv denken sollen oder dass Sie sehen sollen, was Sie haben, was andere nicht haben. Manche Dinge, die man uns sagt, wenn wir wirklich wütend sind, sind einfach nicht hilfreich. Es gibt echte Probleme, die echte Antworten erfordern.

Ich will ganz ehrlich sein: Wer sein Leben nicht Jesus übergeben und eine echte Beziehung zu ihm aufgebaut hat, indem er regelmäßig mit ihm spricht, hat ihm nicht erlaubt, in seine Probleme einzugreifen.

Er ist nicht verpflichtet, jemandem zu helfen, der ihm nicht die Erlaubnis gegeben hat, sein Gott zu sein.

Gott mischt sich nicht in das Leben zufälliger Beobachter ein. Nur wer einen Bund mit Gott schließt, kann sich seines Segens erfreuen. Wir haben kein Recht, Gott für die Folgen unserer eigenen Entscheidungen verantwortlich zu machen. Gott antwortet schnell denen, die in Demut und Reue zu ihm kommen. Zornige, anklagende oder fordernde Gebete sind von Gott nicht zu erwarten. Er widersteht den Hochmütigen, aber den Demütigen schenkt er Gnade.

Viele wollen nur wissen, wie sie Gott manipulieren können, um den in der Bibel versprochenen Geldsegen zu erhalten. All diese Wohlstandsprediger im Fernsehen führen so viele Menschen in die Irre, indem sie die Menschen dazu bringen, nach den Spielzeugen Gottes zu lechzen, anstatt nach Gott selbst zu lechzen. Ich war schon als Kind in diesem Geschäft. Der Hauptgrund, warum ich mit einem bestimmten Freund spielen wollte, war, dass er richtig cooles Spielzeug besaß!

Gott wird von diesen Predigern wie der Weihnachtsmann oder ein Flaschengeist dargestellt, den man nur in die richtige Richtung reiben oder die magischen Worte sagen muss. Gott weiß, was in den Herzen der Menschen vorgeht, er lässt sich nicht manipulieren. Er ist nicht leichtgläubig und naiv wie wir. In Galater 6,7 steht,

"Lasst euch nicht täuschen: Gott lässt sich nicht verspotten. Der Mensch erntet, was er sät."

Wenn man also kein wahres Kind Gottes ist, steht man nicht unter seinem Schutz.

Schutz und sind anfällig für jedes Raubtier da draußen. Ich bin hier nur ehrlich zu Ihnen. Aber diejenigen, die wirklich gläubig sind, die vom Herrn adoptiert wurden und wachsen, um Seine Wege zu erkennen und zu verstehen, die haben bestimmte Rechte und Schutz.

Ich habe in meinem Leben sehr ungerechte Umstände erlebt, große Verluste erlitten, weil ich verraten und belogen wurde. Ich fand es ungerecht, dass ich nicht in einer glücklichen Familie mit einem guten Vater aufgewachsen bin. Aber Gott hat meine Gebete erhört, dass ich einen guten Vater haben möge, aber nicht einen, der eine Haut hat. Er erhörte mein Gebet mit dem besten Vater aller Zeiten... mit sich selbst! Gott ist der großzügigste, gütigste und ehrenwerteste Vater, den es gibt.

Oft haben wir noch keine Antwort auf unsere Gebete, Gott hat die Dinge noch nicht vollendet. Im Moment bete ich für eine gottesfürchtige Frau, mit der ich den Rest meines Lebens verbringen kann, aber ich habe sie noch nicht gefunden. Weil ich meiner Ex-Frau ein guter Ehemann war und eine zweite Chance verdient habe, bin ich versucht zu denken, dass Gott ungerecht ist.

Gott hat mir vor einigen Jahren gesagt, dass er mir deshalb noch keine Frau geschickt hat, weil er mir Zeit geben will, die Scheidung zu verarbeiten und herauszufinden, was für eine Frau ich wirklich brauche. Oft sagt Gott nicht "nein", sondern nur "noch nicht". Gott IST gerecht zu uns.

Sprechen wir nun über den Verrat, den Gott Christen erleben lässt. Wie kann ein liebender Gott zulassen, dass seine eigenen Kinder Opfer von Verrat und Verlust werden? Das klingt nicht sehr liebevoll oder beschützend. Ich habe nie verstanden, warum Gott zuließ, dass Satan Hiobs Leben zerstörte, obwohl Hiob *untadelig, aufrichtig, gottesfürchtig, das Böse meidend"* war. Wenn selbst rechtschaffene Menschen ungerecht behandelt werden, sind wir alle anfällig.

Als ich die Geschichte Hiobs studierte, entdeckte ich, dass *"das, was ich am meisten fürchtete, über mich kam"*. Erinnern wir uns daran, dass Gott will, dass wir uns unseren Ängsten stellen und sie überwinden, auch wenn wir Angst vor dem Verlust unserer Familie und unseres Besitzes haben.

Als Vater von drei Kindern fürchtete ich den Verlust meiner Familie mehr als alles andere. Ich hatte die besten Jahre meines Lebens in meine Familie investiert. Ich hatte meine körperliche und emotionale Kraft in sie investiert. Ich wollte eine Familie so sehr, dass ich sie zu meinem Idol machte, weil ich der Meinung war, dass sie die Antwort auf die tiefsten Bedürfnisse meines Herzens sei. Als ich meine Familie durch eine Scheidung verlor, überkam mich die größte Angst.

Aber Gott zeigte mir in all seiner Barmherzigkeit und Güte, dass die wahre Sehnsucht meines Herzens eine innige Bekanntschaft mit Ihm war. Die Leere in meinem Herzen, die nur Gott ausfüllen konnte, konnten meine Frau und meine Kinder nie ausfüllen. Ich musste alles verlieren, was mir wichtig war, um das zu finden, was ich wirklich wollte: einen Vater, der mich liebt. Das jüdische Volk nennt Gott "Abba", was "Papa" bedeutet.

Ich weiß, es gibt das Klischee, dass man verliert, was man nicht behalten kann, um zu bekommen, was man nicht verlieren kann. Wenn ich in meinem Garten- und Landschaftsbaubetrieb aus irgendeinem Grund einen Stammkunden verloren habe, war Gott immer treu und hat mich mit mindestens zwei neuen Kunden gesegnet, die an seine Stelle getreten sind. Das ist wirklich oft passiert. Auf diese Weise habe ich gelernt, darauf zu vertrauen, dass meine geschäftlichen Verluste auf lange Sicht tatsächlich Gewinne sind.

Mein Freund Hector hat vor kurzem seinen Job verloren, und es war ein Zufall, dass ich am Tag seiner Entlassung bei ihm zu Hause war. Als er mir davon erzählte, legte Gott mir ans Herz, dass dies eine Beförderung für ihn sein würde. Ich betete an diesem Tag das Glaubensgebet für ihn. Bevor seine Krankenversicherung auslief, beförderte Gott ihn in eine besser bezahlte Stelle mit einem besseren Vorgesetzten, und er ehielt alle seine Krankenversicherungsleistungen! Gott ist treu und beschützt und versorgt diejenigen, die auf ihn vertrauen.

Was Hiob aus seiner Klage gelernt hat, weiß ich nicht genau. Vielleicht, dass seine Gerechtigkeit nicht das Wichtigste ist, dass er Vertrauen haben muss in die Gnade Gottes und nicht in seine eigene "Güte". Ich weiß, dass ich genau das aus meinem Verrat lernen musste. Nicht weil ich so gut bin, habe ich Anspruch auf Gottes Segen, sondern weil Gott so gut ist. Er liebt uns nicht, weil wir gut sind, sondern weil er gut ist!

Am Ende von Hiobs Leiden gab Gott ihm das Doppelte von dem zurück, was er verloren hatte. Ich habe das Doppelte von dem erfahren, was ich durch Verrat verloren habe. Meine Kinder sind immer noch von mir entfremdet, weil andere Familienmitglieder gelogen haben, aber Gott hat versprochen, sie wieder zu mir zu bringen. Ein guter Freund von mir hat ein Wort von Gott für mich erhalten, nachdem er von meinem Verrat gehört hatte. Es war eine Bibelstelle aus Zephanja 3,17-20, die sich in Teilen bereits erfüllt hat.

"Der Herr, dein Gott, ist mit dir, er ist mächtig, dir zu helfen. Er wird sich über dich freuen, er wird dich trösten mit seiner Liebe, er wird sich über dich freuen mit seinem Gesang. Zu der Zeit werde ich mit allen handeln, die dich unterdrückt haben. Ich will die Lahmen retten und die Zerstreuten sammeln. Ich will sie loben und ehren in allen Ländern, in denen sie zu Schanden geworden sind. Zu der Zeit werde ich euch sammeln, zu der Zeit werde ich euch heimführen. Ich will euch Ehre und Lob geben unter allen Völkern der Erde, wenn ich euer Glück vor euren Augen wiederherstelle."

Wow!!! Dass Gottes liebt, Dinge und Menschen wiederherzustellen, wird deutlich, wenn man die Geschichten im Alten Testament liest. Im zweiten Kapitel von Joel heißt es, dass Gott die Jahre, die die Heuschrecken gefressen haben, wiederherstellen wird, und das hat er in meinem Leben getan. All die schönen Erinnerungen kehren zurück, wenn wir anderen vergeben und Frieden mit unserer Vergangenheit schließen. Wir können sehen, dass wir doch ein ziemlich gutes Leben hatten.

Es gibt nichts in unserem Leben, das er nicht wieder in Ordnung bringen oder ersetzen könnte. Wir brauchen keine Angst zu haben, etwas zu verlieren. Wenn wir etwas verlieren, das uns lieb und teuer ist, dann wird er es durch etwas ersetzen, das doppelt so gut ist. Selbst wenn das Leben ungerecht ist, wird Gott mehr als gerecht zu uns sein.

Jesaja 61 sagt uns, warum Jesus auf die Erde kam.

Zur Verkündigung einer frohen Botschaft an die Armen, zur Heilung gebrochener Herzen, zur Befreiung der Gefangenen, zur Befreiung der Gefangenen aus der Finsternis,

Um das Jahr der Gnade Gottes auszurufen, um zu verkünden, dass er uns rächen wird,

Um die Trauernden zu trösten, um für die Trauernden zu sorgen, um Schönheit gegen Asche zu tauschen, um Freude gegen Trauer zu tauschen, Um unserer Depression ein Gewand des Lobes zu geben.

Wenn Gott uns erlaubt, ungerechten Verrat oder ungerechte Behandlung zu ertragen, wenn wir uns weigern, verbittert zu werden, wenn wir uns weigern, Hass und Unversöhnlichkeit über uns herrschen zu lassen - dann gibt Gott uns die Erlaubnis, uns mit einer

DOPPELTEN PORTION zu segnen! Ich erfahre seinen doppelten Anteil in Teilen meines Lebens und vertraue darauf, dass er mich auch in meinen Beziehungen doppelt segnen wird.

Was ich verraten und verloren habe, hat mich zerquetscht wie eine Traube in der Kelter. Sie haben meine Selbstgerechtigkeit ausgetrieben, sie haben Gott erlaubt, seinen Platz als Herr in meinem Leben wieder einzunehmen, und sie haben mir ein Herz gegeben, das voll ist von Mitleid mit denen, die in Not sind. Und weil ich mich meiner größten Angst gestellt habe, habe ich jetzt nichts mehr zu fürchten!

Weil ich weiß, dass Gott bei mir sein wird, egal was das Leben mir bringt, kann ich alles im Leben bewältigen. Da der Herr das größte Bedürfnis meines Herzens mit seiner Gegenwart gestillt hat, ist alles andere, was er noch hinzufügen kann, an diesem Punkt nur noch Sauce. Indem ich Gott Gott sein ließ und an meinen rechtmäßigen Platz als sein Kind zurückkehrte, fand ich Sicherheit und Frieden. Ich musste alles verlieren, um das zu bekommen, was ich immer wollte.

Anhang 2

Loslassen lernen

Jeder von uns hat eine Liste im Kopf mit Dingen, von denen wir der Meinung sind, dass wir diese Dinge haben müssen, um glücklich zu sein. Frauen haben wahrscheinlich sogar eine Liste im Nachtkästchen, lol! Männer haben eine unbewusste Liste. Wir sind uns dessen gar nicht bewusst. Jedes Mal, wenn wir sehen, dass unser Nachbar etwas hat, was wir nicht haben, oder wenn wir eine Bierwerbung im Fernsehen sehen, oder wenn wir ins Einkaufszentrum gehen, wächst unsere Liste. Wir suchen Glück und Erfüllung in äußeren Dingen.

An diesen Fenstern zerschellen wir wie der Vogel am Wohnwagen. Auch ich bin den Dingen auf meiner unsichtbaren Liste nachgejagt. Und die wichtigsten Dinge auf meiner Liste waren folgende:

-Frau und Kinder, eine glückliche Familie

-Pfarrer werden

-Profisportler werden

-ein Haus auf dem Land haben

Manchmal merken wir, dass uns diese Dinge nicht das erhoffte Glück bringen, wenn wir alles auf unserer Liste haben. Manchmal zeigt uns der Verlust dessen, was wirklich wichtig ist, wer unsere Freunde wirklich sind. Mobbing, Verrat, Verluste und Enttäuschungen in meinem Leben haben mich dazu gebracht, die tieferen Fragen des Lebens zu stellen. Als ich die größten Verluste erlitt, erkannte ich, dass Gott immer noch da war. Er war der Einzige, der mich nicht verlassen hatte.

Er, dem ich die meiste Zeit meines Lebens den zweiten Platz überlassen hatte, machte mich zur Priorität, als ich am meisten Hilfe brauchte. Er verließ die 99, um die 1 zu retten. Ich war immer auf der Suche nach jemandem, der mir das Gefühl gab, geliebt zu werden. Ich erkannte nicht, dass mein himmlischer Vater derjenige war, der meine Seele befriedigen konnte.

In seiner Liebe und Weisheit lässt Gott es nicht zu, dass wir uns mit den Begierden des Fleisches zufrieden geben, auch nicht mit den Begierden der Augen und auch nicht mit dem Hochmut des Lebens. Er weiß, dass Friede und Zufriedenheit aus dem Wissen um ihn kommen. Und wir können uns selbst nicht lieben, solange wir seine vollkommene Liebe nicht kennen. Mit der Sehnsucht nach einer Beziehung zu Gott sind wir geschaffen. Wir sind so abgelenkt von dem, was unsere eigene Seele braucht, dass wir einfach verloren gegangen sind. Wir suchen an den falschen Orten nach Liebe, wie es in dem Lied heißt.

Wir suffen sinnlos nach unserer Liste. *"Wenn ich das, das und das nicht habe, kann ich nicht glücklich sein."* So sabotieren wir unser eigenes Glück! Ich war am Boden zerstört, als ich die Beziehung zu meinen Kindern verlor, aber schließlich gab ich meine Ansprüche auf und erlaubte Gott, meine Bedürfnisse auf die Art und Weise und zu der Zeit zu erfüllen, wie er es für richtig hielt.

Gott hat mir erlaubt, all meine Hoffnungen und Wünsche in seine Obhut zu legen und darauf zu vertrauen, dass er mein Leben im Griff hat. Er hat mir immer das gegeben, was ich gebraucht habe, und so kann ich darauf vertrauen, dass er auch in Zukunft für meine Bedürfnisse sorgen wird. Er will auch meine Herzenswünsche mit dem erfüllen, was er für das Beste hält. Ich habe mich immer mit weniger als dem Besten zufrieden gegeben.

Wir befreien uns von emotionalen Qualen, wenn wir unsere starren Ansprüche an uns selbst und an andere loslassen. Als Christen dürfen wir auf Gottes Gnade vertrauen und damit rechnen, dass er uns zum rechten Zeitpunkt gibt, was wir benötigen.

Um unsere Bedürfnisse zu befriedigen, brauchen wir niemanden oder etwas zu fordern, zu drängen, zu manipulieren oder zu kontrollieren. Weil die Quelle unserer Liebe Gott selbst ist, brauchen wir die Menschen nicht zu bitten, uns zu lieben. Deshalb sagt Gott:

"Trachtet zuerst nach dem Reich Gottes und nach seiner Gerechtigkeit, so wird euch das alles zufallen." Matthäus 6,33

In der Regel treffen wir die richtigen Entscheidungen erst dann, wenn wir alle falschen Entscheidungen getroffen haben, wie ich im ersten Kapitel dieses Buches geschrieben habe. Es ist nicht nötig, dass wir perfekt sind; wir alle müssen lernen, wie man geht. Unsere Eltern feiern jeden kleinen Schritt, den wir machen, wenn wir ein Jahr alt sind.

Sie beschämen uns nicht, wenn wir laufen lernen, sondern loben und ermutigen uns. So ist auch der Herr stolz auf uns, wenn wir versuchen, auf seinen Wegen zu gehen. Er weiß, dass wir oft fallen, aber er ermutigt uns immer wieder.

Solange wir aufrichtig versuchen, mit ihm zu gehen, schämt er sich nicht unseres Versagens oder unserer falschen Entscheidungen. Wir suffen, wenn wir Fehler machen, und das ist in Ordnung. Es gibt keine Verdammnis mehr für die in Christus Jesus, die im Geist und nicht im Fleisch wandeln. Wir sind bei Gott geborgen. Wenn wir fallen, wird er uns auffangen und uns wieder aufrichten.

An dem Tage, an dem ich unser Traumhaus auf dem Lande verlassen habe, bin ich in die Mietwohnung eingezogen, die Gott für mich vorgesehen hatte. Es war dazu bestimmt, mir eine weiche Landung zu ermöglichen, als ich einen wirklich großen Sprung im Glauben machte. Gott wusste mindestens 17 Jahre vorher, als ich das

Haus kaufte, dass ich einmal dort wohnen würde. Woher wusste er, dass das passieren würde? Auf die gleiche Weise, wie er wusste, dass ich eines Tages mein eigenes Geschäft haben würde und dass ich mich um verletzte Menschen kümmern würde. Das war alles Teil seines Plans für mich.

Ich bin davon überzeugt, dass das Leben auf der Erde bereits geplant ist, besonders für Gottes Auserwählte. Viele Prophezeiungen in der Bibel haben sich erfüllt, weil es Gottes Plan war, dass sie sich erfüllen. Wir brauchen uns vor nichts zu fürchten, was uns widerfahren mag, denn Gott gebraucht alles, was uns widerfährt, um uns zu helfen, wenn wir ihm gehören (Römer 8,28).

In dem Haus, in dem wir lebten, als unsere beiden jüngeren Kinder geboren wurden, wohnte ich noch zwei Jahre nach der Scheidung. Ich behielt es zur Miete und zog ein, um es zu renovieren und schließlich zu verkaufen. Durch all die Gartenarbeit, das Laufen und den Sport, den ich im Laufe der Jahre betrieben hatte, war meine rechte Hüfte verschlissen. Das Haus brauchte viel Arbeit, die ich mit meiner kaputten Hüfte einfach nicht machen konnte.

Eines Abends betete ich das innigste Gebet meines Lebens. Ich übergab jeden einzelnen Aspekt meines Lebens - mein Haus, meinen Besitz, meine Kinder, meine Zukunft, meine Gesundheit - dem Herrn, damit Er mit ihnen tun konnte, was Er wollte. Ich legte alles in seine Weisheit und Herrschaft. Drei Stunden später stand mein Haus in Flammen! Das Haus meines Nachbarn hatte Feuer gefangen, das auf unseren gemeinsamen Zaun und dann auf mein Haus übergriff. Durch den Schein der Flammen wurde ich gerade noch rechtzeitig wach und konnte mich mit meinem Handy und meinen Kleidern auf dem Rücken ins Freie retten.

Beide Häuser waren nach den Maßstäben der Versicherung ein Totalschaden, aber die meisten meiner Habseligkeiten konnten gerettet werden, sie waren nur durch den Rauch in Mitleidenschaft gezogen. Ich wurde von der Versicherung unglaublich gut entschädigt, verkaufte die verrauchten Ruinen an einen Investor und kaufte einen Monat später ein schönes neues Haus in einer tollen Gegend.

Der Herr hat mir jeden finanziellen Verlust meines Lebens in diesem einen "Akt Gottes" zurückerstattet! Gott hat mir jedes

Mal zurückgegeben, wenn mich jemand mit unbezahlter Miete oder unbezahlten Gartenarbeiten betrogen hat! Damit hat er sein Versprechen aus Joel 2 erfüllt, dass er die Jahre, die die Heuschrecken gefressen haben, wiederherstellen wird. Ich weiß, dass er auch meine Beziehungen wieder in Ordnung bringen wird.

Wir brauchen keine Angst zu haben, etwas zu verlieren, was wir haben. Gott wird die verlorenen Jahre im Handumdrehen wiederherstellen, wenn wir uns entscheiden, den Menschen ihre Sünden gegen uns zu vergeben. Unter der Herrschaft Jesu Christi ist der sicherste und friedlichste Ort, an dem man sein kann. Seit 50 Jahren erlebe ich seine unglaubliche Güte mir gegenüber. Ich kann ehrlich sagen, dass ich über alle Enttäuschungen, Misserfolge, Tyrannen und Anfeindungen froh bin. Denn sie haben mich dazu gebracht, den Namen Jesu anzurufen, und er ist mir zu Hilfe gekommen! Was Gott nicht wiederherstellen oder ersetzen kann, wird er Ihnen in Frieden über den Verlust schenken.

Lassen Sie sich durch die Probleme des Lebens nicht vom Glauben abbringen. Er zeigt sich am hellsten in unseren dunkelsten Momenten. Er bestraft uns nicht, er ist uns nicht zornig, er sagt einfach:

"Komm heim, mein Kind. Die Liebe wartet auf dich."

Gott segne Sie alle.

www.ingramcontent.com/pod-product-compliance
Lightning Source LLC
Chambersburg PA
CBHW051535120626

46551CB00012B/1229